Julius Adrian F. Wilhelm von Verdy du Vernois

Studien über Truppenführung

Zweite, durchgesehene Auflage

Julius Adrian F. Wilhelm von Verdy du Vernois

Studien über Truppenführung
Zweite, durchgesehene Auflage

ISBN/EAN: 9783744601689

Hergestellt in Europa, USA, Kanada, Australien, Japan

Cover: Foto ©ninafisch / pixelio.de

Weitere Bücher finden Sie auf **www.hansebooks.com**

Studien

über

Truppen-Führung

von

J. v. Verdy du Vernois,
Oberst und Chef des General-Stabes I. Armee-Korps.

Erstes Heft.
(Mit vier Anlagen.)

Zweite, durchgesehene Auflage.

Berlin 1873.
Ernst Siegfried Mittler und Sohn
Königliche Hofbuchhandlung
Kochstraße 69.

Inhalts-Verzeichniß.

	Seite
Vorwort	1

Die Infanterie-Division im Armee-Korps-Verbande

I. **Kriegslage.** Allgemeine Verhältnisse 16
    Spezielle Verhältnisse bei der 2. Infanterie-Division . . 16
    Bemerkungen zu der Kriegslage und den getroffenen Anordnungen 23
    Divisions-Befehl für den 27. Juni 36

II. **Der 27. Juni.**
    Information über das Garde-Korps und Anordnungen in Folge derselben 53
    Bemerkungen zu den getroffenen Anordnungen . . . 55
    Vormarsch auf Parschnitz 57
    Bemerkungen zum Vormarsch auf Parschnitz . . . 61
    Rendez-vous bei Parschnitz 67
    Bemerkungen zum Rendez-vous bei Parschnitz . . . 78

Anhang.
    Anlagen.
    I. Uebersichtskarte.
    II. Ordre de bataille.
    III. Marsch-Formation.
    IV. Skizze des Terrains um Parschnitz.

Vorwort.

Zur Ausbildung der Volkskräfte für den Krieg, wie zu ihrer Leitung in demselben bedarf man der Führer, aber auch diese wollen herangebildet sein.

Die praktische Schule ist auch für sie zwar die Hauptsache, aber unabweislich bleibt es, daß selbige mit einer theoretischen Ausbildung Hand in Hand gehe.

Dabei darf zunächst nicht übersehen werden, wie eine nur verhältnißmäßig kurze Zeit Jedem, welcher sich dem Soldatenstande widmet, zur theoretischen Vorbereitung für seinen Beruf übrig bleibt.

Der allgemein wissenschaftlichen Grundlage kann Niemand entbehren, der überhaupt auf Bildung Anspruch machen will; die spezielle Fachbildung schließt sich ihr erst an.

Einerseits nimmt aber Erstere die Lehrjahre des jungen Mannes fast völlig in Anspruch, andrerseits muß seine Ausbildung im praktischen Dienst so früh als möglich beginnen. Daher kann der betreffende Fachunterricht im Kadetten-Korps, in den Kriegsschulen oder auf Privat-Wegen sich nur beschränkte Ziele stecken. Hierunter leidet auch der wichtigste Unterrichts-Gegenstand: die Taktik.

Ueberdies ist das Gebiet derselben zu groß und für den Anfänger zu schwierig, um es schon in dieser Periode gründlich bearbeiten zu können. Nur in Bezug auf kleinere Verhältnisse, deren praktische Ausübung in der Armee zunächst bevorsteht, kann hier bereits in die Details eingegangen werden; im Uebrigen muß man sich mit einer allgemeinen Vorstellung und oberflächlichen Kenntnissen begnügen.

Nach Erreichung des Offizier-Ranges nimmt die Ausbildung zwar ihren Fortgang, aber die militairische Laufbahn gestattet im

Allgemeinen nur eine unvollkommene Ausfüllung der vorhandenen Lücke.

Zunächst und in erster Linie wird die Ausbildung alsdann durch die Praxis des Dienstes gefördert.

Aber diese reicht allein nicht aus.

Wir bedürfen nicht nur einer kräftigen, sondern auch einer intelligenten Führung, und selbstverständlich ist es, daß die praktische Ausbildung um so größere Früchte trägt, je mehr sie mit einer theoretischen Weiterbildung Hand in Hand geht.

Träger derselben ist in umfassendster Weise die für diesen Zweck errichtete höchste militairische Bildungs-Anstalt, die Königliche Kriegs-Akademie. Wünschenswerth und nützlich wäre es, wenn alle jungen Offiziere zum Besuch derselben gelangen könnten — aber wie die Verhältnisse liegen, ist dies nicht der Fall, und nur einem kleinen Theile derselben kommt der Nutzen der Akademie zu Gute. Diese würde ihre Aufgabe verfehlen, wenn am Schluß bei ihren Zöglingen der Wahn hervorträte, daß nunmehr die Ausbildung abgeschlossen sei. Eben die Erkenntniß, wie es der unablässigen praktischen, wie theoretischen Weiter-Bildung bedarf, ist eine der segensreichsten Früchte, welche in diesem Institut zur Reife gelangen.

Daß der Zögling aber befähigt werde, nunmehr durch eigene Thätigkeit seine Weiterbildung zweckmäßig zu fördern, dahin muß das durch den Unterricht auf der Akademie erweiterte Wissen führen, und gleichzeitig auch den Anhalt über die Art und Weise, wie dies am geeignetsten geschieht, geben.

Ungleich ungünstiger in Bezug auf theoretische Fortbildung stellen sich die Verhältnisse für diejenigen Offiziere, welche stets im praktischen Dienste verbleiben. Die Ansprüche desselben geben nur verhältnißmäßig wenig freie Stunden, die größtentheils der Erholung gewidmet werden müssen, so daß für schwere geistige Arbeit kaum ausreichende Zeit verbleibt.

Dessenungeachtet wird auch hier mannigfache Anregung geboten: wissenschaftliche Vorträge und theoretische Dienst-Arbeiten im Winter, das Kriegsspiel und Uebungsreisen bilden die wichtigsten Hülfsmittel, um so nützlicher, je größer der Eifer, mit welchem sie erfaßt, und die Geschicklichkeit, mit welcher sie geleitet werden. Immerhin aber bleibt ein logischer und konsequenter theoretischer Bildungsgang hierdurch jedoch nicht zu ermöglichen und die Hauptsache für die Fortbildung wird und muß immer dem Privat-Fleiße des Einzelnen überlassen bleiben.

Aber dazu bedarf der junge Offizier erst recht der Anleitung und der Hülfsmittel, um seine Zeit mit Nutzen auszubeuten und um auf dem schwierigen Gebiete nicht Irrwege zu betreten. Die Kriegsgeschichte, die weise Lehrmeisterin für Jeden, der vorbereitet ist, in ihre Schule zu gehen, ist ein gefährlicher Umgang für den, der diese Vorbereitung noch nicht erlangt hat. Es stehen mithin dem jungen Offizier für seine Fortbildung nur die taktischen Lehrbücher zu Gebote, deren Literatur allerdings eine außerordentlich große ist.

Nun soll durchaus nicht der Werth und Nutzen, den die Taktik in ihrer bisherigen Gestalt gehabt hat, herabgesetzt werden. Im Gegentheil ist sie für Alle, die sich dem Studium des Krieges gewidmet, unstreitig von allergrößter Bedeutung gewesen, und man verdankt ihr viel. Wie groß die Zahl ihrer Schüler aber ist, die von ihr auf unrichtige Wege geführt wurden, wie groß die Zahl derer, die nie zum Ziele gelangt wären, wenn ihnen nicht außerdem gewiegte Lehrer hülfreich zur Seite gestanden oder die Erfahrung selbst ihnen die Hand gereicht hätte, das mag hier unerörtert bleiben. Der Neuling auf dem Gebiete des kriegerischen Wissens wird auch heute weder der elementaren noch der angewandten Taktik entbehren können; indeß auch in dieser Beziehung werden sich die sonst so bewährten Lehrbücher den Anforderungen unserer Zeit anpassen müssen. Aber gegen die Autorität, mit welcher die taktischen Lehrbücher Jahrhunderte lang unsere ganze wissenschaftliche Bildung beherrscht haben, lehne ich mich auf und behaupte, daß die Fortbildung des Offiziers auf anderen Wegen gründlicher und praktischer zu erreichen ist, als auf denjenigen, welche sie bisher betrat.

Das Nachfolgende diene zur Begründung dieses Ausspruches.

Dem Gebrauch der Truppen im Kriege dienen mannigfache Wissenschaften zur Grundlage, aber die Truppen-Führung an und für sich ist eine Kunst.

Ist nun auch innerhalb derselben das zu ihrer Ausübung erforderliche Material nur verhältnißmäßig geringen Veränderungen ausgesetzt, so sind doch die Aufgaben, welche sie zu lösen hat, so mannigfacher Natur, daß es unmöglich ist, dieselben in bestimmte Grenzen einzuzwängen.

Die sogenannte angewandte Taktik versucht dies nun zwar, aber sie und die Strategie erscheinen im ganzen Gebiet der Mili-

tair-Wissenschaften als diejenigen Theile, welche in Rücksicht auf ihre
Ziele am wenigsten einen rein wissenschaftlichen Charakter tragen
dürften.

Allerdings kann das Ziel verschieden gesteckt werden. Will man
aber einen wirklich reellen Nutzen aus der angewandten Taktik
ziehen, so kann ein solcher nur dann aus ihr entstehen, wenn sie
uns zur Truppenführung im Kriege oder zu brauchbaren
Organen derselben (Generalstabs-Offiziere, Adjutanten, Ordonnanz-Offiziere) so weit vorbereitet, als dies, außer durch
die Praxis selbst, auf anderen Wegen möglich ist.

Denn es kommt in der Wirklichkeit nicht darauf an, daß man
über irgend ein Thema eine gute Abhandlung zu liefern vermag, sondern, daß man in einem gegebenen Falle zweckmäßig zu
handeln versteht.

Die wissenschaftliche Behandlung der angewandten Taktik erzeugt
aber zunächst das erst erwähnte Resultat, während der Lernende,
wenn er seine Aufgabe erfüllen will, für das letztere ausgebildet
werden muß.

Dabei hat die wissenschaftliche Behandlung mit dem vorher erwähnten Uebelstande zu kämpfen, daß die Natur des Krieges sich
nicht in bestimmte Abtheilungen einzwängen läßt. Versucht man dies
dennoch, so kann das ganze Gebiet der Verhältnisse, unter welchen man sich schlägt, nur beiläufig abgefertigt werden.

Gerade diese Verhältnisse sind aber in den meisten Fällen von
maßgebendem Einfluß.

Statt auf sie legt die angewandte Taktik jedoch auf das Terrain einen überwiegenden Werth; ihre ganze Eintheilung ist sehr
häufig nur nach diesem geordnet. Da findet man Wald-, Dorf-,
Defilee-Gefechte, Fluß-Uebergänge und Fluß-Vertheidigungen, Kämpfe
um Höhen, im Gebirge, auf der Ebene u. s. w. So entstehen wissenschaftliche Abhandlungen, die, wie alle derartigen Arbeiten, schließlich in bestimmten Sätzen kulminiren und dahin führen, für Alles
Regeln geben zu wollen, mithin nach dieser Richtung unbedingt zu
weit gehen.

Betrachtet man die angewandte Taktik unter den ihr eigenthüm-
lichen Gesichtspunkten des Terrains und der Regeln näher, so treten
in ihrer historischen Entwicklung, wie in ihrem Wesen folgende Erscheinungen hervor:

Die Gefechtslehre des 18. Jahrhunderts und auch noch theilweise die im Anfange des unsrigen gültige, legte einen überwiegenden Werth auf die elementaren Formen, einen äußerst geringen dagegen auf das Terrain (Oertlichkeiten). Findet man in Tempelhoff's Geschichte des siebenjährigen Krieges doch die Erläuterung: „Auch das Dorf selbst muß dergestalt aufgeräumt werden, daß zwei oder mehr Bataillons in Front durchmarschiren können, sonst kann man es nicht vertheidigen." Da brachten die französischen Revolutions-Kriege auch auf diesem Gebiet eine gewaltsame Umwälzung hervor: jedes Terrain, das überhaupt nur passirbar war, wurde betreten, und naturgemäß bildeten sich die Formen, deren man dazu bedurfte, im Laufe der Zeit immer weiter aus.

Das Terrain aber gewann dabei eine Wichtigkeit, wie nie zuvor. Wie nun fast jede neue Erscheinung, sobald sie sich mit besonderem Gewicht auch thatsächlich geltend macht, im ersten Augenblicke wenigstens, eine über ihren wahren Werth hinausgehende Bedeutung gewinnt, so auch hier. Es kam die Zeit, in der man sich stritt: ob das Bataillon den Berg, oder der Berg das Bataillon vertheidige? Zwar wurden diese Abirrungen sehr bald überwunden, aber die Nachklänge blieben, wenn auch in veränderter Weise, und in den meisten Gefechtslehren spielt bis heutigen Tages das Terrain noch die hervorragendste Rolle.

Nun kann demselben keineswegs eine hohe Bedeutung abgesprochen werden, aber in der Regel tritt diese doch erst in zweiter Linie hervor. Denn höher als die Rücksichten auf dasselbe, stehen im großen Kriege fast immer die Verhältnisse, unter welchen man sich schlägt; dann kämpft man um das Dorf, die Höhe, den Wald, überhaupt um die Oertlichkeit, wie sie zufällig daliegt, in ganz veränderter Weise, je nach den Mitteln und dem Gefechtszweck.

Dieser Gefechtszweck darf aber nicht nebensächlich in's Auge gefaßt werden; man darf ihn nicht mit der Bemerkung abweisen, daß er in das Gebiet der Strategie hineingehöre. Die wissenschaftliche Behandlung hat eine Eintheilung in Taktik und Strategie hervorgerufen und so zwei Begriffe getrennt hingestellt, die für die selbstständige Gefechtsthätigkeit eines Führers untrennbar sind. Unter welchen Verhältnissen man sich schlägt und wie man sich alsdann schlägt, läßt sich gar nicht auseinander halten; das Erstere bebingt das Letztere und wem nur das Letztere gelehrt wird, der wird in seiner Ausbildung eines Elements beraubt, ohne welches kein Führer — vom Lieutenant bis zum kommandirenden General hinauf — mit Nutzen selbstständig thätig sein kann!

Was ferner die Regeln anbetrifft, so kann denselben doch nur ein beschränkter Werth zugestanden werden; denn man kann sie nur so weit anwenden, als man die Verhältnisse völlig zu übersehen und unbedingt zu beherrschen vermag. So kann es Regeln oder besser gesagt — Grundsätze — für Anordnung von Märschen, so weit diese Anordnungen die eigenen Truppen im Auge haben, geben; so vermag man für Vorposten-Aufstellungen gewisse Normen zu lehren, oder man kann Gesichtspunkte finden, auf welches der wahrnehmbaren Ziele eine Batterie nach Lage der Umstände zu feuern hat. Aber für die Leitung eines Gefechts, für die Truppenführung im Großen lassen sich keine Regeln geben, da werden diese zur Phrase, weil man eben die Verhältnisse weder zu übersehen, noch unbedingt zu beherrschen vermag.

Sollen die Regeln für den Krieg unter allen Umständen gültig bleiben, so schrumpfen sie zu Axiomen zusammen, wie in der Mathematik: daß Gleiches zu Gleichem Gleiches giebt; sollen sie mehr bedeuten, so bildet jedes neue Verhältniß eine neue Ausnahme.

Die Regel fordert, einen starken Abschnitt zu besetzen, die besondere Kriegslage nöthigt, darüber hinaus zu gehen; wir sollten schlagen, weil wir die Stärkeren, aber wir gehen zurück, weil wir anderswo nöthiger sind u. s. w.

Stets entscheidet der konkrete Fall; dieselbe Regel ist richtig in dem einen, unrichtig in dem anderen.

Die exakte Wissenschaft gründet auf den bewiesenen Lehrsatz den nächsten und baut so ein Lehrgebäude auf; das praktische Leben, und vor allem der Krieg, hat es mit variabeln, ja mit unberechenbaren Größen zu thun, es kann nur den nächstliegenden Fall und auch diesen nur unvollständig übersehen und vermag aus ihm keinen zweiten zu folgern.

Aber gar zu häufig findet man in den Lehrbüchern der Strategie und der angewandten Taktik Sätze wie: „Häufe deine Massen auf des Feindes Schwäche" oder „wenn der Feind dies thut, müssen wir jene Maßregel ergreifen". Wo bleibt da die Natur des Kampfes und des Krieges? Der Gegner thut uns sicher nicht den Gefallen, zu sagen, wie stark er sich vor uns befindet, was er im Allgemeinen beabsichtigt, oder ihm aufgetragen ist und auf welche

Art er seinen Zweck zu erreichen strebt. Manches davon merken wir allerdings im Gefecht — oft auf recht fühlbare Weise, — mehr noch erfahren wir gleich nach demselben, das Meiste jedoch erst nach Jahr und Tag aus der Kriegsgeschichte. Ueberschätzte das k. k. VIII. Armee-Korps nicht nach dem Treffen von Skalitz seinen Gegner in demselben, da es glaubte, gegen zwei preußische Korps gekämpft zu haben? Geschah ein Gleiches nicht noch nach dem Feldzuge Seitens des k. k. VI. Korps, wie von der Kavallerie-Brigade Wnuck in Bezug auf das Treffen von Nachod? Ließen sich nicht noch Hunderte von Fällen aus den Kämpfen des Jahres 1866 nachweisen, in denen die beiderseitigen Gegner Stärke und Absichten des Feindes so lange unrichtig beurtheilt haben, bis die offiziellen Werke darüber Aufklärung verschafften?

Der Grund dieser Erscheinungen ist sehr einfach: Jeder von beiden Gegnern thut sein Möglichstes, um dem Anderen Alles zu verbergen, und in der Wirklichkeit kann, um sich zu orientiren, der höhere Führer, wie die Kavallerie-Patrouille nicht bis in die feindliche Schützenlinie hineinreiten.

Wenn aber die Natur des Krieges, mit der wir zu rechnen haben, derartig beschaffen ist, daß auf der feindlichen Seite Alles uns nur als unbestimmte, sogar als unbekannte Größe gegenübertritt, während auf der eigenen Seite das ganze Gebiet der Mißverständnisse, Irrthümer — Alles das, was man „Friktion." nennt — zur Geltung kommt, wie soll man da Regeln anwenden? Im Kriege ist zwei mal zwei nicht immer vier; man weiß nie, ob man zur Regel oder zu ihrer Ausnahme zu greifen hat.

Darum bleibt auf diesem schwankenden Boden nichts Anderes übrig, als um so mehr an die eigene Kraft zu appelliren. Klarheit in dem, was man vor hat, und Energie in der Durchführung dessen, was man beabsichtigt, das sind diejenigen Piloten, welche noch am Besten über die zahllosen Klippen hinwegführen. Daher wurzeln auch die kriegerischen Tugenden überwiegend mehr im Charakter als im Wissen.*)

---

*) Mir kommt in Bezug hierauf das Treffen von Nachod stets in Erinnerung. Es war das erste Mal, daß ich einem Gefechte beiwohnte. Oben auf dem Plateau des Wenzelsberges stand dasselbe eine Zeit lang mißlich; Kompagnien der Avantgarde, sowie eine Batterie waren im Rückzuge begriffen, während die Kolonnen des Gros unten im engen Gebirgsthale erst heraneilten. Die Situation

Mögen die Militair-Wissenschaften immerhin ihre hohe Bedeutung behalten, mag selbst die angewandte Taktik, in wissenschaftlicher Weise behandelt, großen Nutzen gewähren, zur praktischen Heranbildung in der Truppenführung kann sie in dieser Gestalt nicht ausreichen.

Hier aber findet sich eine wesentliche Lücke, deren Ausfüllung erforderlich erscheint. Dies kann aber nur durch eine Lehre der Truppenführung ermöglicht werden.

Allerdings verlieren alsdann Taktik und Strategie auf dem theoretischen Gebiete die Bedeutung, welche sie bisher in so unumschränkter Weise inne gehabt haben; nur als eine Einleitung für Ausbildung der Führer würden sie noch ihren Platz rechtmäßig behaupten können.

Eine Lehre der Truppenführung ist nothwendig geworden und zwar in so umfassender Weise, daß sie jedem Führer zum Anhalte dienen kann; aber bis jetzt besitzen wir sie nicht.

Geht man auf eine solche näher ein, so sind zwei Fragen zunächst zu beantworten, nämlich:

Was dabei zu lehren ist?
und
Wie es zu lehren ist?

Nun läßt es sich doch nicht verkennen, daß den verschiedenen Befehlshabern auch ganz verschiedene Aufgaben zufallen, im Frieden sowohl wie im Kriege.

Im Frieden z. B. hat der Kompagnie-Chef seine Unteroffiziere zu erziehen, der Regiments-Kommandeur dagegen leitet das Offizier-Korps. In der Kompagnie beruht vorwiegend die Ausbildung des

---

war kritisch geworden; gelang es den Oesterreichern, sich in diesem Zeitpunkt auf den Höhen festzusetzen, so wurde das Debouchiren des Armee-Korps wahrscheinlich vereitelt. In einem Moment, der ruhige Ueberlegung gestattete, ging ich in Gedanken alle Lehren durch, die aus taktischen Büchern und Vorträgen mir noch im Kopfe geblieben waren und sich auf das Debouchiren aus einem Defilee bezogen. Keine derselben wollte auf den vorliegenden Fall stimmen. Da entschlug ich mich ihrer und fragte mich, worauf kommt es denn hier eigentlich an? Die Antwort fand sich sofort von selbst: die Avantgarde oben auf der Höhe muß das Aeußerste aufbieten, um sich im Besitz derselben zu erhalten, und die im Thale anrückenden Kolonnen des Gros müssen so schnell wie möglich suchen, hinaufzugelangen und dort einzugreifen, wo das Gefecht rückwärts geht.

Von jener Stunde an datirt sich mein Widerwille gegen taktische Regeln.

einzelnen Mannes für das Gefecht, im Bataillon das Zusammenwirken der ersten taktischen Einheiten. Den unteren Führern liegt die Detail-Ausbildung und die unmittelbarste Ausführung ob, je höher hinauf, desto mehr tritt nur eine Leitung ein.

Ebenso zeigen sich im Kriege wesentliche Unterschiede. — Die Sorge für die Verpflegung einer Kompagnie bedingt andere Maßregeln, als bei einer Division. Die Aufgaben, welche einem Zuge im Felde zufallen, sind anderer Natur, als die, welche ein Regiment oder ein Armee-Korps zu lösen hat. Der Lieutenant setzt eine Feldwache aus, das Bataillon nimmt eine Vorposten-Stellung ein; ein Zug reicht aus, um sich in ein Gehöft einzunisten, während dem Bataillon die Vertheidigung des Dorfes zufällt.

Viel von dem, was zu wissen nothwendig, zieht sich durch die gesammte Stufenleiter der Führer hindurch, aber von jeder neuen Sprosse hat man einen anderen Gesichtskreis. Indeß was nützt es, wenn der Subaltern-Offizier sich nur mit den Operationen der Armeen oder der Leitung von Schlachten in seinen Studien beschäftigt? Jedenfalls liegen ihm doch die Verhältnisse näher, in welche Lagen er im Felde mit seinem Zuge, oder wenn der Hauptmann fällt, mit der Kompagnie, sogar unter Umständen an der Spitze eines Bataillons gerathen kann. Es ist daher nothwendig, daß er sein Studium zunächst hierauf beschränkt, daß er über die dabei einschlagenden Verhältnisse vor Allem sich klar wird, bevor er an das Studium des großen Krieges in umfassender Weise herantritt.

Demgemäß müßte eine Lehre der Truppenführung mit der Führung der untersten Abtheilungen beginnen, vom Zuge, der Kompagnie anfangend, alle Stufenleitern der militairischen Hierarchie bis hinauf zur Führung der Armee umfassen. Außerdem kann eine Hülfs-Lehre die besonderen Funktionen des Adjutanten, des Generalstabs-Offiziers in ihren verschiedenen dienstlichen Stellungen, sowie der Intendantur und des Sanitäts-Korps u. s. w. in analoger Weise zum Gegenstand der Ausbildung machen.

Wir besitzen bereits für einzelne dieser Gebiete ganz vorzügliche Lehrbücher, so z. B. für den Kompagniedienst; ja sogar für den Unteroffizierstand sind sie vorhanden, die Nützlichkeit derselben ist allgemein anerkannt, aber warum bauen wir dieses Gebiet nicht weiter aus? Je mehr sich die Ansprüche an die einzelnen Stellungen mit der Zeit vergrößern, desto nothwendiger ist eine gründliche Ausbilbung für dieselben. Es ist nicht mehr möglich, daß ein Einzelner das ganze Gebiet militairischen Wissens und Könnens beherrscht; auf der nothwendigen allgemeinen Grundlage muß daher um so mehr ein Eingehen auf die Aufgaben stattfinden, deren Lösung das praktische Leben von jedem Einzelnen, je nach seiner Stellung, erfordert.

Eine Arbeit, welche das ganze Gebiet der Truppenführung nur in Rücksicht auf die besonderen Ansprüche des Krieges umfaßt, ist von einem Einzelnen nicht durchzuführen; abgesehen von der Zeit, die sie beanspruchen würde, erfordert sie eine solche Fülle praktischer Erfahrungen und Kenntnisse, daß sich diese nie in einer Person vereinigt finden werden. Wohl aber läßt sich ein derartiges System durch die — von einander ganz unabhängige — Arbeit Vieler herstellen und wünschenswerth wäre es, wenn sich die Thätigkeit vieler der Herren Kameraden derselben zuwendete.

Es kommt nun aber im Leben nicht blos darauf an, daß man das Richtige will, sondern auch, daß man es praktisch anfaßt und zur Ausführung bringt. Es handelt sich also in Beantwortung der zweiten hier gestellten Frage: wie die Truppenführung zu lehren sei? um die Methode, welche man dabei zu Grunde legt.

Dabei ist zunächst im Auge zu halten, daß der Krieg — wie jede Kunst — sich nicht auf rationalistischem, sondern nur auf empirischem Wege erlernt; um etwas Ordentliches zu leisten, bedarf man auf diesem Gebiete vor Allem der Routine.

Wie ist aber diese Routine zu erlangen und worauf muß sie speziell ihr Augenmerk richten?

Bei der schon früher charakterisirten Natur des Kampfes ist beim Truppenführer heranzubilden:

die Fähigkeit, klare und verständige Entschlüsse zu fassen,
die Fähigkeit, diese Entschlüsse auch Anderen klar und deutlich mitzutheilen,
die Fähigkeit, die Truppe zur Erreichung seiner Absichten dirigiren zu können, und
alle die Charakter-Eigenschaften, welche zur Fassung energischer Entschlüsse, wie zu deren Durchführung erforderlich sind.

Muß hierbei die Ausbildung des Charakters dem Individuum und dem praktischen Leben überlassen werden, so ist die Ausbildung des militairischen Verstandes doch sehr wohl auch auf theoretischem Wege zu erreichen. Hierzu mag es verschiedene

Wege geben; als der zweckmäßigste erscheint mir, nach mehrjähriger praktischer Prüfung, jedoch die Methode:

Durch unausgesetzte Uebung an konkreten Fällen die Mannigfaltigkeit der Situationen vorzuführen, in ihnen die Natur des Krieges zu lehren und dabei durch eine Fülle positiver Entschlüsse und Anordnungen, welche der Lernende zu treffen hat, die oben erwähnten Eigenschaften heranzubilden.

Am besten ist dies durch die sogenannte applikatorische Lehr-Methode zu erreichen. Dieselbe ist bereits seit einiger Zeit in unseren Militair-Unterrichts-Anstalten angebahnt worden. Sie eignet sich nicht für alle Lehrfächer gleichmäßig, kann auch schon aus dem Grunde in einer Unterrichts-Anstalt nicht durchgängig benutzt werden, da sie die bedeutendsten Ansprüche an das eigene Studium stellt und zu viel Zeit erfordert. Wohl aber erscheint sie für das Studium der Taktik, sowie der Kriegsgeschichte als die am meisten und namentlich am schnellsten nutzbringende Methode.

Aber auch für das Selbststudium ist die oben erwähnte Art und Weise sehr wohl anwendbar. Entweder schafft man sich selbst eine Situation, oder knüpft an eine gegebene an, übt sich, Befehle und Instruktionen zu entwerfen, vergegenwärtigt sich die speziellen Anordnungen zum Marsch, die Länge der Kolonne und ihre Aufmarschzeit; demnächst supponirt man eingehende Meldungen oder Befehle oder das Sichtbarwerden feindlicher Abtheilungen und entwirft das hierauf zu Veranlassende. Derartige Verhältnisse können ebenso in das Gefecht hineinführen, wie die Maßregeln der Leitung in und nach demselben ins Auge fassen. Namentlich aber werden sie im Anschluß an die Kriegsgeschichte lehrreich sein. Abgeschlossen aber können diese Studien, da sie Uebungs-Arbeiten sind, nie werden. Der Krieg führt stets neue Bilder vor und anscheinend noch so ähnliche Situationen gleichen sich fast niemals vollständig. Die Aufgaben, welche ein Führer sich stellen kann, oder die ihm gestellt werden, lassen sich gar nicht begrenzen. Die Mittel, die dabei zur Verfügung stehen, nach Stärke, Zusammensetzung und Qualität, die Absichten, welche der Gegner verfolgt, das Terrain in allen seinen Nüanzirungen und noch eine große Zahl anderer Elemente bilden dabei ein wunderbares Kaleidoskop, welches der Zufall zu den seltsamsten Figuren zusammenwürfelt.

Die vorliegenden „Studien" sollen einen Beitrag zu der hier verlangten Lehre der Truppenführung bieten und die vorgeschlagene Methode erläutern. Sie bilden eben Studien für den, der sie geschrieben hat, für jüngere Kameraden können sie als Lehrbuch dienen.

Die dargestellten Verhältnisse lehnen sich an wirkliche Thatsachen an, sind aber in ihrer speziellen Erscheinung nur der Phantasie entsprungen. Ich habe dies aus dem Grunde gethan, weil mir ein derartiges Verfahren für ein Lehrbuch am geeignetsten erschien. Die Kritik, welche in den angefügten Betrachtungen enthalten ist, kann sich dadurch völlig frei bewegen und braucht nicht die Rücksichten zu nehmen, durch welche sie gebunden ist, sobald Gefechte der letzten Feldzüge zum alleinigen Anhalt dienen. Ueberdies hat die Darstellung fingirter Gefechte den Vortheil, daß Alles, was zu lehren beabsichtigt wird, durch den Gang, welchen man das Gefecht nehmen läßt, auch zur Anschauung gebracht werden kann. Bei wirklich stattgefundenen Gefechten ist dies nicht zu ermöglichen, da bei ihnen der thatsächliche Verlauf die erforderliche Vielseitigkeit nicht bietet.

Es sei aber hierbei nochmals darauf hingewiesen, daß derartige „Studien" nur Lehrbücher sind. Wer sich durch die Praxis und auf theoretischem Wege ein genügendes Verständniß vom Kriege und dessen Ansprüche verschafft hat, den verweise ich alsdann auf das selbstständige Studium der Kriegsgeschichte, denn die gesammten Vorbereitungen müssen darin gipfeln, daß Jeder befähigt wird, schließlich sich selbst seine eigenen Ansichten zu bilden, und dafür bietet die Kriegsgeschichte den besten Anhalt. Es ist alsdann nur erforderlich, daß der Anfänger eine Anleitung erhalte, wie dieses Studium am zweckmäßigsten zu betreiben sei.

In der vorliegenden Arbeit wird gleichzeitig beabsichtigt, die Aufmerksamkeit besonders auf die Ausbildung zur Truppenführung in den Verhältnissen des großen Krieges hin zu lenken.

Unsere ganze Friedens-Ausbildung bis incl. Herbst-Uebungen beruht wesentlich auf Detachements-Uebungen, und nur wenig Stunden sind den Gefechts-Exercitien der eigentlichen Schlachtenkörper, der Division, gewidmet. Selbst unsere größten Uebungen — das Manöver eines Korps gegen das andere — gehören noch in gewisser Beziehung dem Detachements-Kriege an, da selbige auf eine für mehrere Tage durchgehende General-Idee aufgebaut werden müssen und diese Korps nur in einem sehr losen Zusammenhange mit einer Armee gedacht werden können. **Ein derartiges Auftreten ist aber im großen Kriege die ausnahmsweise Thätigkeit eines Armee-Korps.** Das Verhalten eines Korps und seiner Unter-Abtheilungen regelt sich indeß ganz anders, wenn dasselbe im Laufe mehrerer Tage isolirt dasteht, oder wenn innerhalb eines Tages auch andere Korps derselben Armee für das Resultat noch in Betracht kommen.

Jede Aufgabe influirt auf das Verhalten eines selbstständig dastehenden Führers in ganz anderer Weise, als wenn sich der Führer in einem direkt abhängigen Verhältniß befindet. Der Offizier, welcher mit seinem Zuge bei einer Patrouille auf den Feind stößt, hat das Gefecht unter anderen Gesichtspunkten zu leiten, als wenn er einen vor seiner Kompagnie ausgeschwärmten Schützenzug kommandirt. Eine im Armee-Verbande befindliche Division wird meist in die Lage kommen, ein Gefecht im Nothfalle bis zu ihrer Zertrümmerung durchführen zu müssen und alsdann doch dabei den allgemeinen Zweck wesentlich fördern; eine von der Armee weit entfernte Division dagegen wird, wenn sie sich im Gefecht vernichten läßt, in der Regel ihren Zweck vollständig verfehlen.

Die Division Fransecky konnte am Tage von Königgrätz der Armee keinen größeren Dienst leisten, als daß sie so viel Kräfte des Feindes, als irgend möglich, auf sich zog, unbekümmert darum, ob sie selbst dabei zu Grunde ging. Niemals aber hätte eine Division, welche unter den Verhältnissen, wie die Abtheilungen der Generale Graf Stolberg und v. Knobelsdorf zum Schutze von Ober-Schlesien, detachirt worden wäre, ein Gefecht ebenso entriren und durchführen dürfen, wie es General-Lieutenant v. Fransecky am 3. Juli zum Nutzen des Ganzen unternahm.

So zeigen sich ganz wesentliche Unterschiede in dem Verfahren völlig selbstständiger Truppenkörper und solcher, die sich in einem größeren Verbande befinden. Da nach ersterer Richtung hin in den Friedens-Uebungen ein fortwährendes Lernen stattfindet, während dies in letzterer Beziehung nicht der Fall sein kann, so wird eine über die elementaren Verhältnisse hinausgehende theoretische Ausbildung sich vorwiegend mit dem großen Kriege und dem in selbigen stattfindenden Abhängigkeits-Verhältniß zu beschäftigen haben.

Die nachfolgende Studie über Truppenführung bezieht sich daher vorwiegend auf Situationen des großen Krieges; um sie nutzbringender zu machen, umfaßt sie aber nicht allein den Wirkungskreis des Divisions-Kommandeurs, sondern auch, soweit dies die Verhältnisse vor dem Feinde betrifft, die Thätigkeit der unter ihm stehenden Führer. Eine solche Ausdehnung wird überflüssig, sobald überhaupt erst eine vollständige Lehre der Truppenführung vorhanden ist, zur Zeit aber dürfte sie noch geboten erscheinen.

Auch in dieser Form kann die Arbeit zum Selbststudium dienen, nur muß man sich alsdann nicht die Mühe verdrießen lassen, sobald im Text irgend eine Anordnung getroffen, oder über eine solche eine Betrachtung angestellt wird, zunächst selbst anzuordnen resp. die Betrachtung auszuführen, bevor man weiter liest. In welcher Weise dies durchzuführen ist, wird im Anhange zu diesem Hefte näher dargelegt werden.*) Festgehalten muß aber immerhin werden, daß derartige Studien nicht zur Lektüre geeignet sind, sondern verlangen, daß man, mit Zirkel, Bleistift und Papier versehen, sie durcharbeitet.

Die in den Studien bei den einzelnen Gelegenheiten getroffenen Anordnungen machen keineswegs den Anspruch, auch stets mustergültig zu sein; bei einem so schwierigen Gebiet, wie das der Truppenführung, ist kaum zu verlangen, daß in einer Zeit, in der noch so viele streitige Punkte bestehen, die Lehre selbst durchgehends zutreffend und richtig sein solle. Sie kann auch ohnedem nützlich werden, wenn der Leser sich in jeder Situation seine selbstständige Ansicht bildet — alsdann findet er Gelegenheit, diese mit den im Text befindlichen, vielleicht abweichenden Ansichten zu vergleichen und zu prüfen. Aber es darf hierbei auch nicht übersehen werden, daß alle Entschlüsse zunächst dem eigenen Charakter entspringen und man auf verschiedenen Wegen zu einem glücklichen Resultate gelangen kann.

In Bezug auf die allgemeine Situation knüpft die vorliegende Arbeit an bekannte Verhältnisse des Jahres 1866 an; indem aber vom ersten Moment in der Stärke der Truppenmasse, in einer An-

---

*) Bevor daher der Leser auf die nachfolgende Studie näher eingeht, empfiehlt es sich, einen Blick auf die ersten Seiten des Anhanges zu werfen.

ordnung oder Meldung Abänderungen gegen die wirklich stattgefundenen Verhältnisse vorgenommen wurden, mußte die weitere Entwicklung auch andere Bahnen einschlagen; ihre Thatsachen sind daher vorwiegend Phantasie-Gebilde.*) Von einer Kritik des im Feldzuge von 1866 thatsächlich Geschehenen kann somit in keiner Weise die Rede sein.

v. Verdy.

.*) In der vorliegenden Studie z. B. ist nur die allgemeine Situation auf thatsächliche Verhältnisse begründet; von dem Moment an aber, in welchem der Kommandeur der 2. Infanterie-Division zu eigenen Anordnungen gelangt, sind diese, ihre Ausführungen, so wie die über den Feind eingehenden Meldungen erfunden.

Studie über Truppenführung.

Die Infanterie-Division im Armee-Korps-Verbande.

I. Kriegslage.

Allgemeine Verhältnisse.

Die II. preußische Armee, zusammengesetzt aus dem Garde-, I., V. und VI. Armee-Korps, so wie einer Kavallerie-Division, war um Mitte Juni 1866 an der Neiße versammelt. Von hier aus wurde das I. Armee-Korps am 20. gegen die böhmische Grenze dirigirt. Das General-Kommando, die 1. Infanterie-Division, so wie die Korps-Artillerie trafen am 25. Juni um Liebau, die 2. Infanterie-Division und die 1. Kavallerie-Brigade an demselben Tage um Schömberg ein.

Die Kriegs-Erklärung war bereits erfolgt.

Den Truppen des I. Armee-Korps war das Terrain bekannt. Bereits Anfangs Juni, noch vor Beginn der Feindseligkeiten, hatte dasselbe in dieser Gegend gestanden. Damals war die Grenze feindlicher Seits vom Regiment Windischgrätz-Dragoner beobachtet worden. Der Stab desselben lag in Trautenau. Andere Abtheilungen des Gegners sollten sich von der Grenze bis zur Elbe hin nicht befunden haben.

Nach Aussagen der Landes-Bewohner hatten seitdem keinerlei Veränderungen in der Besetzung der Grenze stattgefunden.

Spezielle Verhältnisse bei der 2. Infanterie-Division.
(Siehe Anlage: Skizze 1.)

Dem Kommandeur der 2. Infanterie-Division, General-Lieutenant A. war, so lange das Armee-Korps getheilt blieb, auch die 1. Kavallerie-Brigade unterstellt worden.

Die Stärke seiner Division betrug:
  12 Bataillone Infanterie,
  4 Eskadrons,
  24 Geschütze,
  1 Kompagnie Pioniere,
  1 Sanitäts-Detachement.
Die Kavallerie-Brigade zählte:
  8 Eskadrons und
  6 Geschütze.
Ein Feld-Lazareth war der Division attachirt.

Die Ordre de bataille dieser Truppentheile weißt Anlage II nach.

Die Dislokation der übrigen Abtheilungen des Armee-Korps war dem Divisions-Kommandeur mitgetheilt, ebenso daß die Kavallerie-Division dem I. Armee-Korps gefolgt sei und hinter Liebau bivouakire. Ob dagegen die anderen Korps der II. Armee die Neiße-Linie gleichfalls verlassen hätten, oder sich noch an derselben befänden, war ihm ebenso unbekannt, als wie die dem I. Armee-Korps speziell ertheilte Aufgabe. Der letzte ihm zugegangene Befehl lautete: „Bei Schömberg Bivouaks zu beziehen, sich gegen Trautenau und Braunau zu sichern, die Grenze jedoch bis auf weiteren Befehl mit größeren Abtheilungen nicht zu überschreiten. Im Falle eines Vordringens des Feindes habe sich die Division bei Schömberg zu behaupten."

In Folge dessen befanden sich die einzelnen Abtheilungen am Morgen des 26. Juni in folgenden Bivouaks resp. Kantonnements:

Avantgarde (General-Major B.) bei Bertelsdorf:
  Infanterie-Regiment Nr. 1,
  1. leichte Batterie,
  4. Eskadron Husaren-Regiments Nr. 1.
Gros in und um Schömberg, und zwar:
  in der Stadt:
    Divisions-Stab,
    Stab der 4. Infanterie- und 1. Kavallerie-Brigade,
    1. und 2. Bataillon Infanterie-Regiments Nr. 4;
  im Bivouak:
    nördlich der Chaussee Schömberg—Trautenau:
      Infanterie-Regiment Nr. 2,
      3 Batterien der Fuß-Abtheilung,

Pionier-Kompagnie und
Sanitäts-Detachement;
südlich der genannten Chaussee:
Infanterie-Regiment Nr. 3,
1. und 2. Eskadron Husaren-Regiments Nr. 4.
Nordöstlich der Stadt:
Eine Viertelmeile von derselben entfernt:
die 1. Kavallerie-Brigade.
Eine halbe Meile dahinter parkirten die Trains ꝛc.
Linkes Seiten-Detachement: Major B. Bis hart an Merkelsdorf vorgeschoben:
Füsilier-Bataillon Infanterie-Regiments Nr. 4,
3 Züge der 3. Eskadron Husaren-Regiments Nr. 1.
Der 4. Zug der 3. Eskadron befand sich mit einer Hälfte beim Divisions-Stabe, mit der anderen zur Aufrechthaltung der Ordnung bei den Trains.

Die Aufstellung der Avantgarde war folgende: Das Füsilier-Bataillon Regiments Nr. 1 hatte die 12. Kompagnie in den südlichen Theil von Bertelsdorf vorgeschoben, welche den nach Albendorf gelegenen Ausgang durch einen Zug besetzt hielt. In gleicher Höhe mit ihr bivouakirte auf den Bergen nördlich der Straße die 9., südlich derselben die 10. Kompagnie, durch Feldwachen gesichert; die 11. Kompagnie lag in Allarm-Quartieren in zwei größeren, inmitten des Dorfes befindlichen Gehöften.

Das 1. und 2. Bataillon des Regiments hatten theils in den nach Schömberg zu gelegenen letzten Gehöften des Dorfes ebenfalls Allarm-Quartiere bezogen, theils bivouakirten sie, wie die Eskadron und die Batterie der Avantgarde in der Nähe derselben. Unteroffiziers-Posten waren sowohl auf den Wegen, welche in nordwestlicher Richtung von der Chaussee abführen, als auch südlich gegen das Fels-Terrain von Adersbach bis auf die Höhen vorgeschoben.

Für den Fall eines feindlichen Angriffes hatte der Kommandeur der Avantgarde die Festhaltung des von den vordersten Kompagnien besetzten Abschnittes vorläufig in Aussicht genommen. Die bereits am 25. Juni gegen Trautenau entsandten Patrouillen waren beim Ausgang des Gebirgs-Defilees noch diesseits Parschnitz auf feindliche Dragoner gestoßen.

Das Linke Seiten-Detachement der Division hatte einen Halbzug der 12. Kompagnie gegen Friedland, den Rest dieser Kompagnie gegen Merkelsdorf und die 9. Kompagnie auf die Höhen gegen Abersbach vorgeschoben. Die Feldwachen dieser Abtheilungen hielten die zunächst befindlichen Kommunikationen unter Augen, der Rest des Detachements bivouakirte an der Straße Schömberg—Merkelsdorf, ungefähr ¼ Meile von letztgenanntem Dorfe entfernt. Die von hier aus nach verschiedenen Richtungen auf circa 1½ Meilen vorgesandten Husaren-Patrouillen hatten vom Feinde nichts in Erfahrung gebracht.

Seitens des Divisions-Kommandeurs waren Vertheidigungs-Stellungen rekognoszirt, in welchen er die Division entwickeln wollte, sobald stärkere feindliche Kräfte von Trautenau aus oder vom Süden her zum Angriff vorgingen.

Bereits am Morgen des 26. Juni lief im Divisions-Stabs-Quartier zu Schömberg folgendes Schreiben des General-Kommandos ein:

II. Armee.
I. Armee-Korps. St.-Q. Liebau,
General-Kommando. den 25. Juni 11¾ Uhr Nachts.
Sekt. Ia. J.-Nr. —

Das Garde-Korps überschreitet morgen, den 26. Juni, die Grenze östlich von Braunau.

Die Königliche Division hat sich auf den Straßen über Wecelsdorf und Friedland nach Braunau hin durch Kavallerie-Patrouillen Aufklärung über die dortigen Verhältnisse zu verschaffen und im Falle eines Gefechts der Garde unverzüglich zur Unterstützung derselben abzurücken.

Die Avantgarde der Division verbleibt alsdann jedoch in ihrer bisherigen Aufstellung gegen Trautenau.

Der kommandirende General
N. N.

An
die Königliche 2. Infanterie-Division
zu Schömberg.

In Folge dieses Befehls wurde sofort folgendes Schreiben an das linke Seiten-Detachement entworfen und abgesandt:
II. Infanterie-Division. St.-Q. Schömberg,
Sekt. I. J.-Nr. — den 26. Juni 1 Uhr 10 Min. früh.

Das Garde-Korps überschreitet heute früh bei Braunau die Grenze. Im Falle, daß es hierbei in ein Gefecht verwickelt wird, ist die Division zu ihrer Unterstützung bestimmt.

Es kommt mithin darauf an, so frühzeitig als möglich über die Verhältnisse bei Braunau Aufklärung zu erhalten und haben Sie durch die Ihnen beigegebene Kavallerie das Terrain bis Braunau aufzuklären und die Verbindung mit dem Garde-Korps herzustellen.

Schleuniger Meldung über das Resultat der Rekognoszirung wird entgegengesehen.

A.
General-Lieutenant.

An
den Königl. Major und Kommandeur des
Füsilier-Bats. Regiments Nr. 4 Herrn B.
    Hochwohlgeboren
      im Bivouak vor Merkelsdorf.

× × ×

Die Ordonnanz, welche diesen Befehl zu überbringen hatte, wurde vom Generalstabs-Offizier persönlich über den einzuschlagenden Weg, speziell auch über die aus Schömberg hinausführende Straße unterrichtet und ihr ausdrücklich aufgetragen, Quittung über Abgabe des Befehls zurückzubringen. Sie verließ die Stadt in Begleitung eines zweiten Husaren um 1 Uhr 30 Minuten. Zwanzig Minuten später war Major B. aufgefunden und der Befehl in seinen Händen. Nach Durchsicht desselben gab er der Ordonnanz folgende schriftliche Meldung für das Divisions-Kommando mit:

Linkes Seiten-Detachement.   Bivouak vor Merkelsdorf,
                                      den 26. Juni 2 Uhr früh.

Befehl vom heutigen Tage, Sekt. I. Journ.-Nr. —, erhalten. Zwei Husaren-Züge gehen auf den Straßen über Friedland resp. Weckelsdorf gegen Braunau vor. Zu ihrer eventuellen Aufnahme besetze ich die Ausgänge von Merkelsdorf.

B.
Major.

An
die Königliche 2. Infanterie-Division
    zu Schömberg.

Dem entsprechend traf Major V. die erforderlichen Anordnungen und setzten sich um 2½ Uhr früh zwei Züge der 3. Eskadron in der Richtung auf Braunau in Bewegung.

Um 4½ Uhr früh gab der Divisions-Kommandeur noch folgenden schriftlichen Befehl an die Kommandeure der einzelnen Biwouaks:

I. Armee-Korps.   St.-Q. Schömberg,
2. Infanterie-Division.   26./6. 66. 4½ Uhr früh.
Sekt. I. J.-Nr. —

Die Truppen haben das Kochen des Kaffees zu beschleunigen und sich demnächst zum Abmarsch bereit zu halten.

                      A.
General-Lieutenant und Divisions-Kommandeur.

Die von den entsandten Husaren-Zügen im Laufe des Tages eingehenden Meldungen ergaben, daß beim Einrücken der Garde nur kleinere Zusammenstöße mit feindlichen Kavallerie-Patrouillen stattgefunden hatten und daß sie mit einer Division bei Braunau biwouakire, mit der anderen aber bis Weckelsdorf und Merkelsdorf vorgerückt sei.

In Folge dessen zog der Divisions-Kommandeur das linke Seiten-Detachement noch am Nachmittage des 26. Juni nach Schömberg heran. Das Füsilier-Bataillon rückte in ein Biwouak neben dem Regiment Nr. 3; die drei Züge Husaren stießen wieder zu ihrem Regiment.

Seitens der Avantgarde waren die vorgeschobenen Patrouillen auch heute wiederum westlich Petersdorff auf eine feindliche Dragoner-Feldwache gestoßen, zu deren Unterstützung eine stärkere Kavallerie-Abtheilung — etwa eine Eskadron — auftrat.

Bald nach 5 Uhr Nachmittags ging in Schömberg die Disposition des General-Kommandos für den folgenden Tag ein:

„Die 1. Infanterie-Division und die Korps-Artillerie marschiren mit dem Gros von Liebau über Golden-Oels, mit einem Seiten-Detachement über Schatzlar, die 2. Infanterie-Division mit der Kavallerie-Brigade von Schömberg morgen den 27. Juni um 4 Uhr früh auf Parschnitz.

Das Armee-Korps vereinigt sich daselbst und ruht zwei Stunden, nur die zur Avantgarde bestimmte 1. Infanterie-Brigade (1. Inf.-Div.) rückt gleich bis Trautenau und besetzt die Stadt. Der Marsch wird alsdann in einer Kolonne in der Richtung auf Arnau fortgesetzt, die 2. Infanterie-Division hat mit der 2. Infanterie-Brigade und der Korps-Artillerie dabei das Gros des Armee-Korps zu bilden."

Der Schluß-Passus lautete:

„Es kommt vor Allem darauf an, daß das Korps sobald wie möglich bei Trautenau auf dem linken Aupa-Ufer in einer konzentrirten Aufstellung unter Sicherung beider Flanken gegen überraschende Annäherung feindlicher Streitkräfte steht. Der kommandirende General befindet sich bei der 1. Infanterie-Division."

Demgemäß wurde um 6 Uhr Nachmittags Seitens der Division der Marschbefehl für den folgenden Tag ausgefertigt und zwar an: 1) die Avantgarde, 2) das Infanterie-Regiment Nr. 2, 3) die 4. Infanterie-Brigade, 4) das Husaren-Regiment, 5) die Fuß-Abtheilung, 6) die Pionier-Kompagnie, 7) das Sanitäts-Detachement, 8) die Reserve-Kavallerie, 9) die Trains 2c.

I. Armee-Korps.
II. Infanterie-Division.
Sekt. I. Nr. —

St.-Q. Schömberg,
den. 26. 6. 66.
6 Uhr Nachm.

Truppen-Eintheilung
für den 27. Juni.
Avantgarde: G.-Maj. B.
Infanterie-Regiment Nr. 1.
1. leichte Batterie.
Husaren-Regiment exkl. des
detachirten Zuges.
Pionier-Kompagnie, 1 Sektion des Sanitäts-Detachements.

Gros:
Infanterie-Regiment Nr. 2.
Fuß-Abtheilung (3 Batterien).
4. Infanterie-Brigade.

Divisionsbefehl*) für den 27. Juni.

Feindliche Kavallerie beobachtet diesseits Trautenau die Grenze. Das Armee-Korps wird letztere morgen, den 27. Juni überschreiten und sich zunächst bei Parschnitz vereinigen; das Garde-Korps befindet sich bei Braunau und Wechelsdorf.

Die 1. Infanterie-Division rückt von Liebau um 4 Uhr früh über Golden-Oels vor.

Die 2. Infanterie-Division tritt mit der Avantgarde ebenfalls um 4 Uhr

---

*) Der Befehl ist auf einem gebrochenen Blatte geschrieben, auf dessen linker Hälfte sich die Truppen-Eintheilung befindet.

Eine Sektion des Sanitäts-Detachements. Feld-Lazareth Nr. 2. Kavallerie-Brigade.	auf der Straße nach Trautenau an. Dieselbe hat die Verbindung mit der 1. Division zu unterhalten und den Feind, wo er sich zeigt, anzugreifen. Das Gros folgt um 4 Uhr 10 Minuten in nebenstehender Ordnung, die Kavallerie-Brigade um 5¼ Uhr. Die Trains verbleiben bis auf weitere Befehle nördlich Schömberg. Der Divisions-Kommandeur befindet sich bei der Avantgarde.

A.
General-Lieut. und Divisions-Kommandeur.

II. Bemerkungen zu der Kriegslage und den getroffenen Anordnungen.

Gruppirung des I. Armee-Korps.

Es dürfte zunächst auffallen, daß das Armee-Korps nicht an einem Punkt vereinigt, sondern in seinen beiden Theilen auf ³/₄ Meilen getrennt, die Bivouaks bei Liebau und Schömberg bezogen hat.

Eine derartige Theilung hat aber überall, wo die Verhältnisse es irgend erlauben, stattzufinden. Je größer der Raum ist, auf welchem sich die Truppen ausbreiten, desto leichter ist ihre Unterkunft und Ernährung zu bewerkstelligen; außerdem wächst dabei die Anzahl der verfügbaren Straßen, wodurch große Massen nicht nur bequemer, sondern auch schneller zu bewegen sind.

Die Kunst der Armee-Leitung beruht daher wesentlich darauf: die Massen über größere Räume auszubreiten, um leben und marschiren zu können und dennoch zur Entscheidung sämmtliche Kräfte rechtzeitig zu versammeln.

Die II. und Maas-Armee hatten am 26. August 1870 bei ihrem Vormarsch gegen Paris eine Front-Ausdehnung von circa neun Meilen, am Mittag des 2. September nahmen die Massen derselben exkl. VI. Korps und der detachirten Kavallerie um Sedan nur einen Raum von etwas über eine halbe Quadrat-Meile ein.

Die Trennung darf jedoch nie so weit ausgedehnt werden, daß eine gegenseitige rechtzeitige Unterstützung der einzelnen Theile nicht einzutreten vermag. Im vorliegenden Falle wird eine solche jedenfalls zu ermöglichen sein, da die Entfernung beider Divisionen nur ³/₄ Meilen beträgt und dem Vorgehen des Feindes gegen eine derselben in den Gebirgs-Defileen durch die betreffende Avantgarde schon ein verhältnißmäßig sehr bedeutender Aufenthalt bereitet werden kann.

Speziell wird im vorliegenden Falle der etwaige Vormarsch des Armee-Korps bereits wesentlich durch die Trennung beider Divisionen erleichtert, da jeder derselben alsdann eine große Straße für das Durchschreiten des Gebirges zur Verfügung steht. Hierdurch kann das unter Umständen gefährliche Debouchiren in das Thal von Parschnitz in der Hälfte der Zeit ausgeführt werden, welche das nur auf eine Straße angewiesene Armee-Korps gebrauchen würde.

Da die Kavallerie-Division der II. Armee unweit Liebau bivouakirte, war es zweckmäßig, daß die 1. Kavallerie-Brigade nach Schömberg dirigirt wurde. Die große Anhäufung von Kavallerie an einer Stelle erschwert die Unterkunft und Verpflegung derselben, namentlich im gebirgigen Terrain, um ein Bedeutendes.

Ebenso gerechtfertigt erscheint die Unterstellung der 1. Kavallerie-Brigade unter die Befehle des Kommandeurs der 2. Infanterie-Division. Auf dem Gefechtsfelde versteht sich die Herstellung einer einheitlichen Leitung von selbst. Gehören die kämpfenden Abtheilungen verschiedenen Armeekörpern an, und hat eine gemeinschaftliche Ober-Leitung nicht vorher angeordnet werden können, so übernimmt der höchste zur Stelle befindliche Truppen-Befehlshaber diese von selbst. Aber auch für Marsch- und Bivouaks-Verhältnisse ist es angemessen, die auf resp. an einer Straße befindlichen Abtheilungen, sobald eine gegenseitige Störung bei den Bewegungen, bei Benutzung von Kantonnements und dergleichen eintreten kann, einem gemeinschaftlichen Führer unterzuordnen. Geschieht dies nicht, so werden Seitens des obersten Kommandos (hier also Seitens des General-Kommandos) stets umständlichere Befehle nothwendig, die, wenn auch noch so sorgfältig abgefaßt, doch nicht immer Unzuträglichkeiten und Reibungen zu verhindern im Stande sind.

Kenntniß des Divisions-Kommandeurs von der Kriegslage.

Der in Liebau am 26. Juni früh vom General-Kommando des I. Armee-Korps in Schömberg eingehende Befehl bringt dem Divisions-Kommandeur die erste Nachricht, daß auch das Garde-Korps die Neiße-Linie verlassen habe und sich seinem linken Flügel nähere. Bis zu diesem Moment wußte er hiervon nichts und ebenso wenig hatte er Kenntniß von den allgemeinen Absichten des Ober-Kommandos wie von der speziellen Aufgabe des I. Armee-Korps.

Es dürfte Befremden erregen, daß ein so hoher Befehlshaber, wie ein Divisions-Kommandeur es ist, so wenig über die allgemeine Lage unterrichtet erscheint und allerdings geschieht in einzelnen Fällen nach dieser Richtung nicht genug. Immer muß aber festgehalten werden, daß prinzipiell jeder selbständige Führer ausreichend orientirt sein muß, um bei nicht vorhergesehenen Situationen zweckmäßige, der allgemeinen Kriegslage entsprechende Anordnungen auch selbständig ergreifen zu können. Alles, was darüber hinausliegt, hat nun zwar unstreitig ein großes Interesse für den Führer, doch darf dieser Umstand nie maßgebend sein, irgend Jemandem mehr mitzutheilen, als zum Anhalt für etwa erforderlich werdender eigener Entschlüsse zu wissen nothwendig ist. Das Geheimniß dessen, was in der Ausführung begriffen ist oder noch beabsichtigt wird, kann nicht streng genug bewahrt werden. Namentlich ist auch für jeden Führer Kenntniß von den Bewegungen der Neben-Kolonnen, welche sich in seiner Nähe befinden, erforderlich. Auch die unterstehenden Abtheilungen müssen davon unterrichtet werden, damit nicht das unvermuthete Erscheinen von Marsch-Kolonnen zu Störungen und unnützen Maßregeln Veranlassung giebt. Dringend empfiehlt sich daher auch, daß Truppentheile, die nicht zu demselben engeren Verbande gehören, aber neben oder hintereinander stehen, über Alles, was von Wichtigkeit ist, unausgesetzt in steter Kommunikation bleiben.

Im vorliegenden Falle genügte die dem General-Lieutenant A. gegebene Instruktion vollständig. Auf die Richtungen, aus welchen der Feind erscheinen konnte, aufmerksam gemacht, wußte er, was bei einem Angriffe desselben zu thun sei. Daß er selbst bis auf Weiteres die Offensive nicht unternehmen durfte, ging aus dem Verbot, die Grenze nicht mit größeren Abtheilungen zu überschreiten, hervor. Letzteres Verbot gründete sich auf die Absicht, den Gegner nicht vorzeitig auf die in dieser Richtung beabsichtigte Offensive sämmtlicher Kräfte aufmerksam zu machen. Sobald jedoch das Garde-Korps sich der Sphäre der 2. Infanterie-Division näherte, wurde nicht verabsäumt, ihr dies mitzutheilen.

Bivouak der Division.

Wo irgend angänglich wird man den Truppen die Wohlthat, unter Dach und Fach zu kommen, gewähren. Selbst nahe am Feinde ist dies mit einem Theile derselben ausführbar, nur muß man sich dort für die vordersten Abtheilungen der Allarm=Quartiere bedienen. In den Kämpfen der Armee-Abtheilung Seiner Königlichen Hoheit des Großherzogs von Mecklenburg um Beaugency, in welchen nur die Nächte Ruhepausen in der sonst ununterbrochenen Reihe von Gefechten boten, schlug man sich häufig noch spät am Abend um die Fermen, in welchen man für die Nacht Unterkunft suchte. Im vorliegenden Falle gestattet die geringe Zahl der Ortschaften nicht, eine größere Zahl von Mannschaften unterzubringen. Außer Schömberg und Bertelsdorf wäre jedoch auch Merkelsdorf hierzu verwendbar gewesen. Das Bedenken, daß dieses Dorf zu weit von Friedland entfernt lag, um bei einem feindlichen Angriff das Seiten=Detachement rechtzeitig vom Gros aus zu unterstützen, erscheint nicht stichhaltig, sobald ein weit ausgreifender Patrouillen=Gang eingerichtet wurde, der rechtzeitig die etwaige Annäherung des Gegners entdeckte. Ueberdies bot das Abersbacher Fels=Terrain der Widerstandskraft des einen Bataillons eine ganz außergewöhnliche Unterstützung.

Stärke der Avantgarde und des linken Seiten= Detachements.

Die Straße Schömberg—Trautenau bildet in dem Wege=Netze, so weit es hier zur Sprache kommt, die Haupt=Kommunikation; überdies ist die Anwesenheit feindlicher Abtheilungen auf derselben bekannt. Der Weg über Merkelsdorf kommt vorläufig um so weniger in Betracht, da die Patrouillen in dieser Richtung nichts vom Gegner entdeckt haben, auch das mehr erwähnte schwierige Fels=Terrain die Bewegung größerer Massen in demselben unwahrscheinlich macht. Somit kann die Division sich hier durch geringere Kräfte sichern und ist deswegen auch nur ein Bataillon gegen Merkelsdorf entsandt, während die Trautenauer Straße durch drei Bataillone gedeckt wird. Bei gleicher Wichtigkeit nach beiden Richtungen hin, sowohl in Bezug auf Stellung des Gegners, wie auf Wegbarkeit des Terrains wäre das Vorschieben zweier gleich starker Avantgarden Seitens der Division erforderlich geworden.

Im vorliegenden Beispiel konnte übrigens die Avantgarde auch aus nur zwei Bataillonen des Regiments Nr. 1 gebildet und das

3. Bataillon desselben Regiments gegen Merkelsdorf verwandt werden. Die eingeschnittene Straße bei Bertelsdorf und die Beschaffenheit des dortigen Berg-Terrains würde voraussichtlich auch diesen geringeren Streitkräften bei einem feindlichen Angriffe gestattet haben, bis zum Eintreffen der nächsten Unterstützung hinreichenden Widerstand zu entwickeln. Der wichtige Gesichtspunkt, den Regiments-Verband so wenig als irgend möglich zu lösen, kommt hierbei augenblicklich zwar nicht in Betracht, da bei der in der Darstellung gegebenen Vertheilung statt beim 1. eine Detachirung beim 4. Regiment stattgefunden hat, wohl aber würde dieser Gesichtspunkt später unter Umständen nicht aufrecht erhalten werden können. Zu Gunsten der dort erfolgten Vertheilung läßt sich nämlich Folgendes anführen: Wird der Vormarsch nach einer von beiden Richtungen hin angetreten und will man diesen mit den vordersten Abtheilungen sofort beginnen, so würde bei einer Detachirung des 3. Bataillons Regiments Nr. 1 gegen Merkelsdorf dieses Bataillon von seinem Regiment leicht dauernd getrennt. Bildet dagegen ein Bataillon des Regiments Nr. 4 das linke Flanken-Detachement, so kann es bei einem Vormarsch der Division auf Trautenau rechtzeitig sich wieder seinem Regimente anschließen, bei einem Vormarsch über Merkelsdorf aber wird die Verbindung mit den beiden anderen Bataillons dadurch wieder hergestellt, daß man diese an die Tete der von Schömberg aufbrechenden Kolonne setzt.

In Bezug auf Kavallerie ist der Avantgarde die 4., dem linken Seiten-Detachement die 3. Eskadron (exkl. eines Zuges) zugetheilt. In Rücksicht darauf, daß man sich im Gebirgs-Terrain befindet, wo nur wenige für Kavallerie gangbare Kommunikationen vorhanden sind, hätte eine einzige Eskadron für beide Abtheilungen völlig ausgereicht. Es darf nicht außer Acht gelassen werden, daß die dem Feinde am nächsten befindlichen Abtheilungen am wenigsten der Ruhe genießen. Man wird verhältnißmäßig selten in der Lage sein, nach dieser Richtung hin, dem Divisions-Kavallerie-Regiment Erleichterungen gewähren zu können; desto mehr muß man aber jede sich hierfür bietende Gelegenheit benutzen.

Wenngleich das Thal wohl nur an wenigen Stellen die Verwendung von mehr als zwei Geschützen gestatten dürfte, so finden sich bei den Biegungen der Straße auf einem der sich vorlegenden Bergrücken in der Regel günstige Positionen für eine Batterie, die von dort aus Straße wie Nebenterrain unter Feuer halten kann.

Aus diesem Grunde sind der Avantgarde sechs Geschütze zugetheilt. Wo eine solche bestimmt ist, einen Terrain-Abschnitt zu behaupten, ist es auch nothwendig, ihr möglichst viel Artillerie zu überweisen. Eine Beschränkung ist aber natürlich dort geboten, wo das Terrain eine Ausnutzung dieser Waffe in größerem Maßstabe verhindert, wie im vorliegenden Falle.

Eine andere Frage ist, ob das linke Seiten-Detachement Artillerie erhalten müsse oder nicht. Dafür spricht, daß der dortige Posten an Widerstandskraft gewinnt, dagegen, daß die Division ihre Batterien zusammenhalten muß und daß man überhaupt nur so viel detachirt, als bringend nothwendig ist. Eine solche Nothwendigkeit scheint hier aber nicht vorzuliegen, da ein Angriff bei Merkelsdorf vor der Hand wenigstens nicht zu erwarten steht. Der dortige Posten trägt überhaupt mehr den Charakter eines Beobachtungs-Postens, zu dem man nur deshalb ein ganzes Bataillon verwandt hat, weil das sehr durchschnittene Terrain ausgedehntere Sicherheits-Maßregeln erfordert, um das Heranschleichen kleinerer feindlicher Abtheilungen zu verhindern, die nothwendige Folge der größeren Ausbreitung ist aber immer die Aufstellung eines entsprechend starken Soutiens für die vordersten Abtheilungen.

Ueberhaupt ist davor zu warnen, jedem einzelnen Bataillon bei einer Detachirung sofort ein paar Geschütze mitgeben zu wollen, wie dies zur Zeit als der Kordon-Krieg noch in voller Blüthe stand, so häufig geschah. Kleinere Abtheilungen, die sich selbständig bewegen, sind oft gezwungen, sich unverhältnißmäßig weit auszudehnen und bieten der Artillerie dann nur eine sehr geringe Sicherheit. Der Zersplitterung der Artillerie muß aber um so mehr entgegengearbeitet werden, da die 24 Geschütze einer Division nicht einmal genügen, um diesem Schlachten-Körper unter allen Verhältnissen eine ausreichende Artillerie-Unterstützung zu gewähren.

Unrichtig erscheint, daß man der Avantgarde keine Pioniere beigegeben hat. Speziell im Gebirge wird sich fast immer Gelegenheit zu einer nützlichen Verwendung derselben bei der vordersten Truppe bieten.

Spezielle Aufstellung der Avantgarde und des linken Seiten-Detachements.

In der Regel nehmen die Avantgarden auf Märschen am Nachmittage, häufig erst am Abend ihre Aufstellung ein. Die Sicherung durch die Vorposten ꝛc. braucht dann keineswegs in derselben Art und Weise stattzufinden, wie wir dies bei unseren Detachements-Uebungen ausgeführt sehen, bei denen man sich stets im Angesicht seines Gegners bewegt. Hier walten andere Verhältnisse vor, und auf die Dauer würde sonst leicht ein übergroßer Verbrauch an Kräften entstehen. Man vergegenwärtige sich, daß dem Gegner bis zum Einbrechen der Nacht keine Zeit mehr bleibt, um sich so ausreichend über die von uns getroffenen Maßregeln zu unterrichten, daß er darauf die an und für sich schon so schwierigen nächtlichen Unternehmungen basiren kann; man vergegenwärtige sich ferner, daß bei Tage der Marsch größerer Abtheilungen des Gegners, welche allein ernstlich stören können, auch entdeckt werden müssen, ohne daß es erforderlich ist, deshalb das ganze Terrain mit einer Kette von Doppelposten und dem entsprechend von Feldwachen und Soutiens zu überziehen. Kleinere Patrouillen aber gehen nicht so ohne Weiteres in ein vom Gegner besetztes Terrain mitten hinein, wo, sobald sie entdeckt werden, ein Zurückkommen nur selten glücken dürfte.

Die Sicherheits-Maßregeln ruhender Truppen werden sich daher im Bewegungs-Kriege meist auf Ueberwachung der Wege beschränken. Aber auch hierbei giebt es eine große Zahl von Ausnahme-Fällen und zu diesen gehören auch die in der vorliegenden Studie gegebenen Situationen der Avantgarde und des linken Seiten-Detachements.

Die Avantgarde hat im engen Thale die fast eine Meile lange, nur an wenig Stellen unterbrochene Reihe der Gehöfte und Gärten von Bertelsdorf, Albendorf und Petersdorf vor sich. Diese benehmen nach vorwärts fast jede Aussicht. Trotzdem kann die Avantgarde nicht bis an den Ausgang des Difilees gegen Parschnitz vorgeschoben werden, was unter anderen Verhältnissen wohl am zweckmäßigsten wäre. Erwähnter Punkt liegt nämlich 1³/₄ Meilen von Schömberg entfernt und würde eine Aufstellung daselbst das Gebot, mit größeren Kräften die Grenze nicht zu überschreiten, verletzen. Die Thalwände engen die große Straße defileeartig ein, nur westlich Bertelsdorf befindet sich eine kesselförmige größere Erweiterung. Außer der Verbindung zwischen Qualisch und Golden-Oels sind nur noch zwischen Albendorf und Bernsdorf, sowie zwei von Bertelsdorf gegen Norden führende Fahrwege vorhanden. Eine einfache Ueberwachung dieser Kommunikationen genügt nun keineswegs. Die über die Berge führenden Wege müssen auch auf der Höhe selbst so stark besetzt gehalten werden, daß sich die dortigen Posten gegen einen Angriff des Feindes bis zum Eintreffen von Verstärkungen behaupten können.

Das Vordringen feindlicher Abtheilungen kann in diesem äußerst koupirten Terrain um so mehr zu spät entdeckt werden, als dem schon länger in der Gegend befindlichen Feinde jeder, oft dem Auge kaum sichtbare Fußpfad bekannt sein dürfte. Das plötzliche Verdrängen eines diesseitigen Postens auf den Höhen könnte für die unten bivouakirenden Truppen die übelsten Situationen zur Folge haben. Deshalb ist es hier geboten, vom ersten Augenblick an durch einzelne vorgeschobene Kompagnien das Höhen-Terrain festzuhalten.

Hierdurch bildet die Linie dieser vordersten Truppen auch gleichzeitig die erste Vertheidigungs-Linie.

Nach der Terrain-Konfiguration erscheint ein Vorschieben der vordersten Abtheilungen bis an die Grenze, so daß der eingeschnittene Weg von Qualisch bis zur großen Straße auf Trautenau, und die Schlucht von Albendorf nach Bernsdorf dicht vor der Front sich befände, bei weitem günstiger, als die thatsächlich eingenommene. Das Gros der Avantgarde wäre alsdann in den Kessel westlich Bertelsdorf zu verlegen.

Bemerkt muß noch werden, daß je länger man dem Feinde gegenüber verbleibt, desto sorgfältiger auch die Sicherung sein muß, so daß dies häufig zur Etablirung einer zusammenhängenden Vorposten-Linie führen kann, so z. B. bei Cernirungen. Es ist nicht zu vermeiden, daß mit der Zeit auch eine größere Kenntniß der gegenseitigen Anordnungen eintritt und hierdurch dem Gegner leichter Gelegenheit geboten wird, Unachtsamkeiten oder Fehler auszubeuten. Selbst im vorliegenden Falle ist es rathsam, wenn die Division noch einige Tage bei Schömberg verbleiben sollte, der Sicherungs-Sphäre der Avantgarde eine größere Ausdehnung zu geben, sowie einen Anschluß an die Vorposten des linken Seiten-Detachements und der 1. Infanterie-Division herzustellen.

Das linke Seiten-Detachement hat die Straße von Friedland sowie das Adersbacher Fels-Terrain zu beobachten und muß gleichzeitig die Straße von Merkelsdorf festhalten. Wollte es hierbei eine zusammenhängende Vorposten-Linie etabliren, so reichen seine Kräfte für die fast eine halbe Meile lange Strecke gar nicht aus. Es muß sich somit begnügen, die Hauptkommunikation zu sperren und das Terrain nach beiden Richtungen durch detachirte Abtheilungen, welche von dort aus ihre selbständigen Sicherheits-Maßregeln treffen, zu decken. Die Stärke dieser detachirten Abtheilungen ist dabei nach der Nähe des Feindes und den Terrain-Verhältnissen bemessen.

Die von den detachirten Abtheilungen vorgesandten Patrouillen.

Die Aufklärung auf weite Entfernung hin ist Sache der Kavallerie. Selbst in solchem Terrain, welches eine Gefechtsthätigkeit dieser Waffe nur in sehr beschränkter Weise gestattet, muß man sich ihrer vorzugsweise bedienen, es sei denn, daß die eigenen Vorposten bis nahe an den Gegner herangeschoben sind. Nachdem hier die beim Eintreffen der Avantgarde vorgegangenen Kavallerie-Patrouillen bereits bald hinter Petersdorf auf feindliche Vorposten stießen, durfte in dem vorliegenden Terrain die weitere Beobachtung desselben den Infanterie-Patrouillen zufallen. Zweckmäßig wäre alsdann, in dem bergigen Terrain Unteroffiziers-Posten auf solche Punkte vorzuschieben, von denen aus sie die feindlichen Vorposten unausgesetzt beobachten können. Jedenfalls aber müssen die Husaren auch unter diesen Umständen stets bei der Hand sein, um, sobald der Abzug des Feindes gemeldet wird, demselben schleunigst zu folgen und seinen Verbleib festzustellen.

Das linke Seiten-Detachement hatte seine Husaren auf den verschiedenen Wegen bis 1½ Meilen Entfernung entsandt. Diese waren mithin bis Petersdorf und sowohl über Friedland wie Weckelsdorf bis Dittersbach gestreift. Feste Bestimmungen, wie weit solche Patrouillen auszugreifen haben, wenn der Feind sich nicht in unmittelbarer Nähe befindet, lassen sich ein für allemal nicht treffen. Im Allgemeinen werden größere Kavallerie-Massen dem Marsche der Armee-Korps vorausgehen. Im vorliegenden Falle geschah dies ausnahmsweise nicht, da die Rücksicht obwaltete, die Aufmerksamkeit des Gegners möglichst lange von der beabsichtigten Einmarsch-Richtung fern zu halten. Unter anderen Umständen mußte sonst die Kavallerie-Brigade des I. Armee-Korps resp. die 2. Kavallerie-Division zur Zeit, als das Armee-Korps bei Schömberg und Liebau eintraf, schon längst die feindlichen Dragoner an der Grenze vertrieben und Trautenau erreicht haben. Von hier aus war dann ihre Aufgabe, zunächst das ganze Land bis zur Elbe hin aufzuklären.

In den Fällen aber, wo größere Kavallerie-Abtheilungen sich nicht vor der Front befinden, ist die Divisions-Kavallerie berufen, die Aufklärung zu übernehmen. Hier ist die Division eben erst eingetroffen, in Bezug auf das Auftreten des Feindes in der Grafschaft Braunau ist man bisher noch gar nicht orientirt; man kann mithin die Kavallerie-Patrouillen nicht das ganze Terrain derselben so ohne Weiteres durchstreifen lassen. Die Civil-Behörden des Gegners funktioniren noch, seine Telegraphen bringen noch von jeder Bewegung seinen Truppen-Kommandeurs Nachricht; unsere Patrouillen, die nur das bemerken, was in ihrem Gesichtskreise liegt, werden unsichtbar auf jedem Schritt überwacht; dehnen sie sich so weit aus, daß ihnen kein genügender Rückhalt mehr geboten werden kann, so ist es feindlichen Abtheilungen ein Leichtes, ihnen einen Echecq beizubringen. Die Aufklärungs-Sphäre nimmt natürlich mit der Stärke der zur Aufklärung verfügbaren Truppen zu, aber das einzelne Kavallerie-Regiment einer Division repräsentirt nur eine beschränkte Kraft. Trotzdem hätten im vorliegenden Falle die Patrouillen noch über Dittersbach hinaus vorgehen können. Denn wo die Verhältnisse es irgend gestatten, ist daran festzuhalten, daß das Terrain vor einer Division in der Entfernung eines kleinen Tagemarsches aufgeklärt werden muß. Befindet sich die Division längere Zeit an derselben Stelle, hat man das nächst vorliegende Terrain — so zu sagen — unter seine Botmäßigkeit gebracht, dann kann auch in Feindes Land eine weitere Ausbreitung der Patrouillen erfolgen. Auf eigenem Gebiete können sich dieselben selbstverständlich in jedem Augenblick die ausgedehntesten Ritte erlauben, sobald sie hierbei mit Umsicht verfahren.

Gleichzeitig sei noch Folgendes bemerkt: Es heißt zwar allgemein: ein Offizier mit einem Paar ausgesuchter Pferde ist zu Rekognoszirungen besser zu verwerthen, als ein ganzes Kavallerie-Regiment. Man darf jedoch nicht übersehen, daß dieser Satz nur unter einer gewissen Beschränkung richtig ist. Allerdings kann dieser Offizier sich verdeckter und schneller bewegen, als ein Regiment, und kommt es auf größere Umwege für ihn nicht an. Aber es setzt eine derartige Verwendung doch immer die Bedingung voraus, daß die feindliche Kavallerie nicht auf ihrem Platze sei. Deswegen sind die Erfahrungen, welche wir im letzten Kriege gemacht haben, auch nur sehr einseitiger Natur, da die französische Reiterei nach dieser Richtung hin theils unzweckmäßig, theils gar nicht Verwendung fand.

Stoßen wir aber bereinst auf einen Gegner, der bei den Operationen seine Kavallerie in derselben Weise gebraucht, wie wir es gethan haben, so müssen wir uns mit dem Gedanken vertraut machen, daß, um überhaupt sehen zu können, man zunächst wird kämpfen müssen. Die Einübung größerer Kavallerie-Abtheilungen für das Gefecht muß daher in ausgedehntester Weise betrieben werden.

Als es sich im vorliegenden Beispiel darum handelt, zur Aufklärung der Verhältnisse bei Braunau die Husaren auf eine verhältnißmäßig sehr weite Entfernung zu entsenden, versäumt der Kommandeur des linken Flanken-Detachements nicht, Infanterie zu ihrer eventuellen Aufnahme weiter vorzuschicken. Eine derartige Maßregel erscheint stets zweckmäßig, namentlich aber ist sie nothwendig, wenn die Kavallerie sich einer überlegenen feindlichen Reiterei gegenüber befindet. Alsdann kann sie mehr wagen, da sie, selbst bei einem unglücklichen Gefecht, sicher ist, daß die Verfolgung in der Nähe der Infanterie zum Stehen kommt, ihr mithin Gelegenheit geboten wird, sich wieder zu ralliiren.

Um darüber Gewißheit zu erhalten, ob es bei Braunau zum Gefecht kommt oder nicht, genügen allerdings Patrouillen. Ist aber. Ersteres der Fall und die Division daher genöthigt, abzumarschiren, so kann sie nicht früh genug über die dortigen Verhältnisse in ausgedehntester Weise orientirt werden. Ob solches durch die Patrouillen erreicht werden kann, erscheint aber fraglich, sobald der Feind sich nach der Anmarsch-Richtung der diesseitigen Truppen hin ausreichend gesichert hat. Alsdann kommt es darauf an, die hier den Gegner deckende Kavallerie zurückzuwerfen, um den erforderlichen Einblick zu gewinnen. In dieser Beziehung wäre es ganz angebracht gewesen, zu der beregten Rekognoszirung auch noch die 1. und 2. Eskadron von Schömberg her zu verwenden.

Aufsuchen von Vertheidigungs-Stellungen für die bivouakirenden Truppen der 2. Infanterie-Division.

Im vorliegenden Falle ist der Division bestimmt vorgeschrieben, im Falle eines feindlichen Angriffes sich bei Schömberg zu behaupten; es ist daher selbstverständlich, daß sich General-Lieutenant A. überlegt, in welcher Weise er alsdann seine Truppen aufstellen wird. Keineswegs überflüssig aber wäre es gewesen, wenn er nun auch Anordnungen zur künstlichen Verstärkung der ausgesuchten Position getroffen hätte, wozu namentlich Aufwerfen von Geschütz-Emplacements, Herstellung von Schützengräben, Vertheidigungs-Einrichtungen von Gehöften u. dergl. gehörten. Die Pionier-Kompagnie bot für diese Zwecke eine wesentliche Unterstützung. Selbst der Umstand, daß der Feind aus zwei verschiedenen Richtungen anrücken konnte, durfte nicht abhalten, soviel Arbeiten, als Zeit und Mittel gestatteten, ohne die Kräfte der Mannschaften übermäßig in Anspruch zu nehmen, auszuführen. Wir können nach dieser Richtung von dem Verfahren der Franzosen noch viel lernen. Aber in der Regel tröstet man sich damit, daß man wohl an dieser Stelle nicht lange bleiben werde, und die Folge davon ist, daß in erwähnter Richtung vielfach zu wenig, häufig aber gar nichts geschieht.

Selbst wenn die Division nicht lange an dieser Stelle verbliebe, war es Pflicht ihres Kommandeurs, bei der Nähe des Feindes und der Unbekanntschaft mit den Verhältnissen bei demselben, sich auf den Fall, daß er angegriffen würde, vorzubereiten, und auch alsdann erschien die Anordnung von Terrain-Verstärkungen keineswegs überflüssig.

Anordnung des Armee-Korps für den 26. Juni.

Das am Morgen des 26. in Schömberg eingehende Schreiben des General-Kommandos theilt die Annäherung des Garde-Korps mit, ordnet die Aufklärung gegen Braunau an und giebt bestimmte Anweisungen über das, was die Division thun soll, sobald es bei Braunau zum Gefecht kommt.

Auch ohne die Absicht des kommandirenden Generals, eventuell die Garde zu unterstützen, war es nunmehr an der Zeit, die 2. Division davon zu benachrichtigen, daß sich noch andere Truppen ihrer Sphäre näherten. Bis dahin verbot es sich — wie schon früher ausgeführt —, um das Geheimniß der Operationen zu bewahren; eine Nothwendigkeit aber für die 2. Division, es früher zu erfahren, lag nicht vor.

Die Bestimmung, daß die Avantgarde der 2. Division gegen Trautenau zu verbleiben habe, war nothwendig, da diese Straße, auf der man den Feind gegenüber wußte, nicht ungedeckt bleiben konnte, namentlich aber auch für den Fall, daß die 1. Division ebenfalls in der Richtung auf Braunau abmarschiren sollte, da alsdann ihre Flanke gesichert werden mußte.

Man könnte in dem Befehle des Ober-Kommandos eine Angabe vermissen, ob bei einem Links-Abmarsch der 2. Division der bei

Liebau befindliche Theil des Armee-Korps ihr folgen werde oder nicht. Eine derartige Angabe kann aber nicht gemacht werden, da der kommandirende General dies zur Zeit selbst noch nicht weiß. Die Möglichkeit ist immerhin vorhanden, daß am 26. Juni auch die Stellungen des I. Armee-Korps angegriffen werden, während die 2. Division zur Unterstützung des Garde-Korps sich in Marsch setzt. Alsdann bleiben die Avantgarde dieser Division, sowie die gesammte 1. Division (16 Bataillone) zur Verfügung des kommandirenden Generals, mit welchen dieser die Bergstraßen auf Liebau und Schömberg festhalten muß, und ein Abmarsch des Gros der 1. Division wird alsdann nicht erfolgen. Dagegen muß das Gros der 2. Division, dem gegebenen Befehle des General-Kommandos gemäß, zu einem Gefechte der Garde unter allen Umständen abmarschiren, selbst wenn inzwischen die Avantgarde der Division angegriffen würde. Das Stehenbleiben der letzteren ist eben für alle Eventualitäten angeordnet.

Anordnungen bei der 2. Infanterie-Division für den 26. Juni.

Die 2. Infanterie-Division ist in ihrem Befehle an das linke Seiten-Detachement sehr ausführlich. Sie hebt ausdrücklich noch hervor, worauf es ankommt. Ein derartiges Verfahren ist zu empfehlen. Den unteren Kommandos fehlt die Uebersicht über die größeren Verhältnisse; man muß daher stets genau präzisiren, was die höhere Instanz durch den ertheilten Auftrag erreicht wissen will.

Für den Fall des Abmarsches auf Braunau erschien der Entwurf eines besonderen Marschbefehls nicht erforderlich. Die Truppen, welche hierbei zur Sprache kamen, bivouakirten resp. kantonnirten auf engem Raume. Es war daher nur nöthig, dieselben zu allarmiren und ihr Antreten an Ort und Stelle derartig zu befehlen, daß sie sich in der beabsichtigten Reihenfolge in die Marsch-Kolonne einfügten. Nur hatte man alsdann nicht zu übersehen, daß die Avantgarde auf der Trautenauer Straße ebenso, wie die neu formirte, die erforderlichen Informationen erhielt.

Fraglich konnte nur erscheinen, ob man nicht das Abkochen bereits frühzeitig anordnen sollte, da, wenn es in der Gegend von Braunau zum Gefecht kam, bei der großen Entfernung, nicht abzusehen war, ob die Truppe überhaupt heute noch zum Kochen gelangen würde. Aber mit dem frühen Abkochen wird in der Theorie viel

Mißbrauch getrieben, auch ist nicht jeder Magen geneigt, in der Morgenstunde bereits seine Tagesmahlzeit einzunehmen. Das Abkochen selbst erfordert Zeit und ging hier vom Rekognoscirungs-Detachement frühzeitig die Meldung von einem Gefecht bei Braunau ein, so mußte es doch unterbrochen werden. Es empfiehlt sich daher nur, bereits des Morgens abkochen zu lassen, wenn man sicher ist, hierbei nicht gestört zu werden, und bedeutende Anstrengungen in Aussicht stehen.

Die Heranziehung des linken Seiten-Detachements nach Schömberg erscheint gerechtfertigt, da die Anwesenheit der Garde bei Merkelsdorf nach dieser Richtung hin die erforderliche Sicherheit bietet. Allerdings nimmt man eine Abtheilung nicht gerne aus dem eingerichteten Bivouak wieder fort. Im vorliegenden Falle aber weiß man nicht, welche Strapazen der folgende Tag bringt, und es ist unter Umständen nicht gleichgültig, ob alsdann ein Bataillon $1/2$ Meile mehr oder weniger zu marschiren hat.

Divisions-Befehl für den 27. Juni.

a. Truppen-Eintheilung.

Zunächst dürfte die Truppen-Eintheilung auffallen, welche wesentlich von derjenigen abweicht, wie sie bis vor dem Kriege von 1870 üblich war.*)

Als hauptsächlichster Unterschied tritt hervor, daß eine so starke Kolonne für den vorliegenden Marschzweck nicht in Avantgarde, Gros und Reserve, sondern nur in Avantgarde und Gros zerlegt ist. Es leuchtet ein, daß, wenn man gegen den Feind marschirt, sich die ein-

---

*) Es sei hierbei bemerkt, daß, bei der streng wissenschaftlichen Abgrenzung der für den Führer nothwendigen militairischen Kenntnisse, man traditionell in die Generalstabs-Geschäfte eine große Anzahl von Dingen hineingebracht hat, die viel mehr Gemeingut sind, als eine spezielle, nur dem Generalstabe gehörende Domäne. Die Kunst, zu befehlen, fängt nicht erst bei den Truppenkörpern an, wo der Generalstab überhaupt in Betracht kommt, — der Division oder dem Armee-Korps — sie muß von jedem Führer, selbst von den untersten mit Virtuosität gebraucht werden. Dabei ist sie an und für sich so schwierig, daß nicht genug Mühe auf ihre Erlernung und auf eine stete Uebung des Erlernten verwandt werden kann und müßte deshalb ihre Lehre in dem Moment bereits anfangen, in welchem überhaupt die erste Ausbildung des Offizier-Aspiranten in der Truppen-Führung beginnt.

zelnen Abtheilungen nicht in unmittelbarer Reihenfolge, eine dicht hinter der anderen, vorbewegen können, da sonst ein die Tete betreffender Unfall das Ganze in Unordnung bringen würde. Es muß also eine Avantgarde ausgesondert werden, welche bei größeren Abtheilungen aus verschiedenen Waffen formirt, so viel inneren Halt und Selbstständigkeit hat, um, wenn man auf den Feind stößt, durch ihr Gefecht dem übrigen Theil der Kolonne, Zeit zum Aufmarsche zu gewähren.

Damit nun der Aufmarsch des Ganzen nicht vor jeder kleineren feindlichen Abtheilung zu erfolgen braucht und daß derselbe, wenn nöthig, auch ungestört erfolgen kann, läßt man die Masse der Truppen dieser Avantgarde erst in einer gewissen Entfernung folgen. Eine räumliche Entfernung zwischen Avantgarde und den übrigen Truppen ist daher nicht zu umgehen. Es fragt sich nur, ob eine weitere räumliche Trennung innerhalb der übrigen Truppen — also eine neue Scheidung, wie dies sonst stets durch eine Eintheilung in Gros und Reserve stattfand — ebenfalls eine Nothwendigkeit ist.

Daß nun im Gefecht ein jeder Truppenführer einer Reserve bis zu dem Augenblick, wo er auch diese einsetzen muß, nicht entbehren kann, liegt in der Natur des Kampfes. Alles, was in das Gefecht direkt eingreift, ist im allerbesten Falle nur noch in sehr bedingter Weise in der Hand der obersten Führung, meistens jedoch gar nicht, und die Leitung hat nur in so weit einen durchgreifenden Einfluß, als sie noch geschlossene Truppenkörper zur Disposition behält, oder nach den einzelnen Gefechtsmomenten zu diesem Zweck weiter zu formiren versteht. Ohne Gefechts-Reserve darf man also ein Gefecht überhaupt nicht einleiten. Wozu aber auf dem Marsche die Ausscheidung einer Reserve erforderlich sein soll, ist nicht recht einzusehen. Einer Marsch-Reserve bedarf man nicht, und einer Gefechts-Reserve doch erst, wenn das Gefecht beginnt.

Die militairische Nomenklatur ist hierbei wohl zu weit gegangen. Man vergegenwärtige sich nur, was der Begriff einer Reserve überhaupt umfaßt. Alle Truppen, so weit sie noch nicht in das Gefecht eingegriffen haben, sind Reserven der obersten Führung.

Bis vor wenigen Jahren hielt man an dem allgemeinen, nur in Prozentsätzen variablen Verhältniß fest: $1/4$ der gesammten Truppenmasse: Avantgarde, $1/2$ Gros, $1/4$ Reserve. Wenn ein Gefecht sich entspinnt, kann man noch gar nicht wissen, ob die Avantgarde allein genügen wird, es durchzuführen, oder ob nicht der letzte Mann eingesetzt werden muß. Die Avantgarde aber beginnt das Gefecht und alle übrigen Truppentheile sind ihre Reserve für dasselbe, aus welcher so viel herausgegeben wird, als erforderlich ist. Wozu da noch eine andere Eintheilung?

Oder ist etwa innerhalb dieser Truppenmassen eine räumliche Trennung mit größerer Distance erforderlich? Für das Gefecht ist es doch gewiß nicht vortheilhaft, wenn ein Theil des Ganzen eine halbe Stunde später eintrifft, als er eintreffen konnte. Dies Verhältniß aber stellt sich heraus, wenn man z. B. bei dem Marsche eines Armee-Korps eine Reserve ausscheidet und diese ¼ Meile hinter der Queue des Gros folgen läßt.

Für den Marsch müssen allerdings Distancen bestehen, damit Stockungen sich nicht sofort dem Ganzen mittheilen, keineswegs jedoch so bedeutende wie 1000 oder 2500 Schritt; es genügt, wenn nur zwischen den einzelnen geschlossenen Truppenkörpern überhaupt geringe Distancen als Norm festgesetzt sind. Allerdings muß man sich dann auch vergegenwärtigen, daß diese Distanzen unter Umständen verloren gehen können, und daß, wenn dies eintritt, man sie erst mit der Zeit wieder richtig auszugleichen vermag.

So erscheint also die Aussonderung einer Reserve auf dem Marsche völlig unnütz; alles Unnütze ist für uns aber auch gefährlich, und eine derartige Gefahr liegt allerdings ganz unbestreitbar in der früher gebräuchlichen Eintheilung.

Hiermit gelangt man zu dem zweiten Punkt, durch welchen sich der obige Divisions-Befehl von der Truppen-Eintheilung, wie sie bis 1866 und auch nachher noch gebräuchlich war, wesentlich unterscheidet. In dem vorliegenden Entwurf ist die Avantgarde aus einem Regiment der 1. Infanterie-Brigade gebildet und befindet sich das zweite Regiment dieser Brigade an der Tete des Gros, während es nach früheren Prinzipien als Reserve an die Queue der Division hingehört hätte.

Was sind die Konsequenzen des letzteren Verfahrens? Betrachten wir sie näher.

Die Avantgarde geräth in ein Gefecht, und es zeigt sich, daß sie verstärkt werden muß. Das nächste einheitliche Ganze, über welches der Divisions-Kommandeur verfügt, ist die Brigade des Gros. In den allerseltensten Fällen kann dieser aber ein abgeschlossener Auftrag gegeben werden, denn es handelt sich zunächst um die birelle Unterstützung der Avantgarde. Entweder schickt nun der Divisionair die ganze Brigade sofort vor, oder er unterstützt die vorne kämpfenden durch Theile derselben — ein Regiment oder einzelne Bataillone.

Im ersteren Falle giebt er, außer der Avantgarde, sofort noch 6 Bataillone aus der Hand, im letzteren Falle zerreißt er auch die zweite Brigade, und in der Gefechtslinie erhält der die Avantgarde befehligende Brigade-Kommandeur ihm gänzlich unbekannte Truppentheile unter sein Kommando.

Nun ist aber unser größter Fehler die relativ so lobenswerthe Eigenschaft unserer Führer, selbstständig ihr Gefecht durchführen zu wollen. Mit dem Gehenlassen nach dieser Richtung hin organisirt man die Unordnung und wird eine höhere Gefechtsleitung überhaupt zur Unmöglichkeit. Man muß mithin Alles aufbieten, um die ursprüngliche, aus dem Friedens-Verhältniß übernommene Zusammengehörigkeit der Truppen — ihre Ordre de bataille — so lange als irgend angänglich festzuhalten. Die früher übliche Marschordnung arbeitet aber entschieden in zersetzender Weise gegen dieses nothwendige Ziel.

Es kommt ferner hinzu, daß bei den relativ bedeutenden Verlusten, welche sich im Kampfe des Hinterladungsgewehrs gegen das Hinterladungsgewehr in einem kurzen Zeitraume herausstellen müssen, man einen um so größeren Werth auf starke Reserven zu legen hat. Nun wird man aber bei der Eintheilung in Avantgarde, Gros und Reserve und bei der Nothwendigkeit des Prinzips, diese Abtheilungen möglichst einheitlich in das Gefecht zu bringen, geradezu verführt, das gesammte Gros zu frühzeitig einzusetzen und die nur c. ¹/₄ der Stärke betragende Reserve allein noch zur Verfügung zu behalten.

Außerdem aber liegt die Erfahrung vor, daß eine derartig formirte Reserve dem Divisions-Kommandeur sehr leicht aus der Hand geräth, und er dann überhaupt über keine Reserve mehr disponirt. Der Divisionair wird sich bei der Masse seiner Truppen aufhalten, seine Aufmerksamkeit ist nach vorne gerichtet, wo die Avantgarde kämpft, wenn er sich nicht selbst bei dieser befindet. Räumlich getrennt von ihm, seinem Blick, wie dem des Gegners entzogen, befindet sich das Reserve-Regiment. Dieses hat den sehnlichen Wunsch, an dem Gefecht Theil zu nehmen, gewiß in noch erhöhterem Grade, wie jede andere Truppe, da vorne sein Brigade-Kommandeur und die Kameraden der Brigade im Kampfe ringen. Es bedarf nur des leiſeſten äußeren Anſtoßes, und wenn irgend angänglich, geht es nach vorn durch.

Und nicht anders verhält es ſich mit dem die Avantgarde kommandirenden Brigadier, der hier nur eines ſeiner Regimenter zur Verfügung hat. Fängt bei ihm das Gefecht an heftig und ſchwierig zu werden, ſo denkt er ganz gewiß daran: hätte ich doch nur das andere Regiment meiner Brigade auch hier! und von dem Gedanken bis zu dem Verſuch, es auf eine oder die andere Weiſe heranzuziehen, iſt nur ein geringer Zwiſchenraum.

So begegnen ſich die Gedanken des an der Tete fechtenden Theiles der Brigade mit denen des anderen in der Reſerve ſtehenden Theiles, und wider den Willen des Höchſt-Kommandirenden vereinigen ſich alsdann ſehr häufig die getrennten Abtheilungen.

Man ſage nicht: „das darf nicht vorkommen!" Es ſind dies Erſcheinungen, die in der menſchlichen Natur begründet ſind und mit denen muß man rechnen. Denn im Kampfe ſiegt doch die menſchliche Natur vielfach über die Formen, welche die Einzelnen zur gemeinſchaftlichen Thätigkeit zuſammenfaßten.

Ueberdies ſprechen die Erfahrungen der Wirklichkeit dafür.

General-Lieutenant v. Tümpling dispouirte im Treffen von Gitſchin die beiden Grenadier-Bataillone des Regiments Nr. 12 in die Reſerve ſeiner Diviſion. Das andere Regiment der Brigade unter dem Kommandeur derſelben ſchlug ſich auf den ſteilen, bewaldeten Höhen des Priwiszin. Da ſieht man auf einmal die beiden Reſerve-Bataillone des Regiments Nr. 12 dicht daneben bei Kl.-Ginolitz in das Gefecht eingreifen. Ganz abſtrahirt davon, wie dies kam, jedenfalls geſchah es gegen den Willen und die Intentionen des Diviſions-Kommandeurs, und es bedurfte der ganzen Energie der höchſten Leitung und der ſeltenen Gefechtsdisciplin dieſes Regiments, um es aus dem Gefecht wieder loszulöſen.

Ganz daſſelbe zeigt ſich bei der Diviſion Franſecky im Kampf um den Swiep-Wald bei Königgrätz, alſo gerade bei denjenigen Diviſionen, welche ſo äußerſt ſchwere Kämpfe zu beſtehen hatten.

Es erſcheint daher zweckmäßig, eine ſolche künſtliche Trennung innerhalb der Brigaden ſpeziell für die Momente des Gefechts nicht eintreten zu laſſen. Dies wird erreicht, wenn man als Norm feſthält, daß dasjenige Regiment, welches mit dem Avantgarden-Regiment eine Brigade bildet, ſich ſtets an der Tete des Gros befindet.

Eine derartige Formation ist in analoger Weise auch auf die Verbände größerer, wie kleinerer Abtheilungen anwendbar. Man hat alsdann den Vortheil, daß die erste Unterstützung der fechtenden Avantgarde durch die derselben am nächsten organisatorisch verbundene Abtheilung erfolgt und der Brigade-Kommandeur seine Brigade ungetheilt im Gefecht leitet. Außerdem verfügt der Divisions-Kommandeur über einen eben so starken geschlossenen Körper als Reserve.

Ferner ist mit einer derartigen Formation noch der Vortheil verbunden, daß, wenn man plötzlich eine neue Avantgarde formiren muß, sobald man z. B. eine andere Direktion schnell einzuschlagen hat, man nicht genöthigt ist, auch die zweite Brigade zu zerreißen.

Was die Zutheilung der Kavallerie betrifft, so ist das Husaren-Regiment fast völlig der Avantgarde überwiesen worden, obgleich man sich zunächst auf einem Gebirgswege vorbewegt und auf demselben das ganze Regiment nicht zur Geltung gelangen kann. Aber das Gebirge öffnet sich bei Parschnitz; fast bis zu diesem Dorfe haben die Patrouillen der Avantgarde die Gegend stets unter Augen gehabt und ein stärkerer Widerstand diesseits des Debouchees ist unwahrscheinlich. Hat man aber die Ebene von Parschnitz erreicht, so ist die Verbindung mit der 1. Infanterie-Division herzustellen, Trautenau zu rekognoszieren, so wie das Aupa-Thal in seiner südlichen Richtung aufzuklären, und dies voraussichtlich gegenüber von Abtheilungen des Regiments Windischgrätz-Dragoner. Wollte man dann erst das Husaren-Regiment von der Queue der Division vorholen, so hat dies seine Schwierigkeit, da es neben der marschirenden Kolonne vorbei auf derselben Straße geschehen müßte, und jedenfalls ist ein nicht unbeträchtlicher Zeitverlust damit verbunden. Selbst für den Fall, daß es wider Erwarten noch im Gebirge durch ein Vorgehen des Gegners zum Gefechte kommen sollte, dürfte das eine Regiment kaum den Truppenbewegungen der Infanterie störend werden, wenn es mit seinem größeren Theile sich an die Queue der Avantgarde angeschlossen hat. Eine solche Störung fände aber statt, wenn noch die hier vorhandene Kavallerie-Brigade der Avantgarde zugetheilt würde, deren Marschlänge das Eingreifen des Gros um circa eine halbe Stunde verzögert. Die Kavallerie-Brigade ist daher unter den vorliegenden Verhältnissen an die Queue der gesammten Marschkolonne verwiesen.

Dem Husaren-Regiment fehlt ein Zug; die eine Hälfte desselben ist, wie bereits früher bemerkt, unter dem Kommando des Offiziers zur Aufrechthaltung der Ordnung bei den zusammengezogenen Trains und Bagagen der Division, die andere Hälfte zum Ordonnanzdienst beim Gros bestimmt. Für ersteren Zweck besitzt die Division kein anderes Mittel und für den letzteren reichen die vorhandenen nicht aus. Ueberdies wird es beim Marsch des Gros manchmal erforderlich werden, sich über irgend welche Erscheinung in der Flanke schnell zu informiren, und müssen deshalb stets wenigstens einige Pferde zur Hand sein. Da hier die Situation eine sehr einfache ist, dürfte man mit 16 Pferden auskommen; in der Regel wird man gut thun, einen vollen Zug für diesen Zweck zu verwenden, unter Umständen jedoch sogar bedeutend mehr, wenn z. B. die Division die äußerste Flügel-Kolonne einer Armee im ebenen Terrain bildet.

Die hier abgezweigten Kommandos sind in gewissen Zeiträumen, etwa alle 3 Tage, abzulösen, da sie sonst bei der durch ihren Dienst geringeren Kontrolle zu schnell abgenutzt werden dürften.

Von der Artillerie ist eine leichte Batterie der Avantgarde überwiesen, die übrigen folgen zusammengehalten dem Teten-Regiment des Gros. Die Artillerie ist diejenige Waffe, welche aus weitester Entfernung dem Gegner Schaden zuzufügen vermag, ihre Masse muß daher in Thätigkeit treten, bevor noch die Masse der Infanterie in das Gefecht eingreift.

So wird man die Artillerie in die Marschkolonnen nie zu weit nach hinten einreihen dürfen, sie gehört mehr nach vorn; unter Umständen kann man sogar selbst der Avantgarde mehrere Batterien folgen lassen. Hier rechtfertigte sich jedoch dies nicht, weil zunächst mehr wie 6 Geschütze im engen Gebirgsthale kaum in Wirksamkeit treten können und die Thätigkeit einer stärkeren Artillerie erst nach dem Ueberschreiten der Aupa möglich ist. Aber für letztere Eventualität darf man sie selbst hier nicht zu weit zurücklassen und sind die 3 Batterien des Gros, um keine organische Einheit zu stören, beim Marsche zwischen das Regiment Nr. 2 und die 2. Infanterie-Brigade eingereiht worden. So ist man wenigstens in der Lage, sobald 6 Bataillone entwickelt sind, bereits die gesammte Artillerie der Division in Thätigkeit zu setzen.

Aber noch ein besonderer Werth ist auf das Zusammenhalten der 3 Batterien des Gros zu legen. Diese sind häufig getrennt und hinter die verschiedenen Regimenter eingeschachtelt worden, was als ein entschiedener Fehler bezeichnet werden muß. In den Situationen des großen Krieges können die einzelnen Batterien nicht auf ihre eigene Hand manövriren, wie sie es bei den kleinen Detachements-Uebungen vielfach ausführen. Wo 12,000 Mann Infanterie nach der Erringung eines Zieles streben, darf die ihr zugetheilte Artillerie durch ihr vereinzeltes Auftreten nicht willkürlich Scenen improvisiren, sondern sie muß mit ihrer ganzen Kraft zur Erreichung dieses Zieles beitragen. Das ist aber nur möglich, wenn die Batterien nicht nach eigener Idee einzeln umherziehen, sondern einem Willen gehorchen. Die Massenverwendung der Batterien ist im großen Kriege die Regel, die einzelne Verwendung derselben nur die Ausnahme. Man muß dies als Prinzip um so mehr festhalten, da die Wirklichkeit doch oft genug die Ausnahme bedingt.

Eine Abtheilung speziell mit Deckung der Batterien auf dem Marsche zu beauftragen, erscheint völlig überflüssig, da die Artillerie sich alsdann in direkter Verbindung mit anderen Waffen befindet, mithin vor und hinter ihr bereits Abtheilungen derselben marschiren. Kommandirt man dagegen irgend eine Kompagnie oder ein Bataillon zu einem solchen auf dem Marsche völlig unnützen Zweck, so kann man sicher sein, daß diese Abtheilungen im Gefecht der Thätigkeit ihres Truppenkörpers entgehen und dabei den Batterien doch keine Deckung gewähren, da sie nicht im Stande sind, den schnell voreilenden Geschützen zu folgen.

Die übrigen auf die Truppen-Eintheilung Bezug habenden Punkte bedürfen keiner ausführlichen Erläuterung. Es versteht sich von selbst, daß die Pionier-Kompagnie zur Avantgarde gehört; auch ist es erklärlich, daß von dem in 2 Sektionen zerlegbaren Sanitäts-Detachement die eine Hälfte der Avantgarde, die andere dem Gros folgt und daß, wenn ein Gefecht in Aussicht steht, ein Feld-Lazareth zur Truppe herangezogen wird.

b. Inhalt des Befehls.

Der mündliche Befehl des höchsten Vorgesetzten, direkt an den Betreffenden gegeben, ist das sicherste Mittel der Befehlsertheilung, um so mehr, als dies die Möglichkeit zu Erläuterungen und zur Aufklärung etwaiger Mißverständnisse bietet. Auch ist die Ueberbringung mündlicher Befehle durch Adjutanten, Ordonnanz-Offiziere ꝛc. angänglich, jedoch nur in dem Falle, wenn es sich um ganz kurze positive Anordnungen handelt, z. B. „die Brigade soll sofort aufbrechen und sich über X auf Y in Marsch setzen." Sind irgend weitere Verhältnisse noch zu berühren, die sich auf die allgemeinen Absichten, auf andere Kolonnen ꝛc. beziehen, so ist die schriftliche Befehlsertheilung unbedingt vorzuziehen.

Im vorliegenden Falle hat die in einzelnen Abtheilungen lagernde Division vom Gros der Avantgarde bis zur Queue eine Tiefe von circa ³/₄ Meilen; es hat daher der schriftliche Befehl einzutreten. Man könnte allerdings die Division allarmiren und durch Ordonnanz-Offiziere die einzelnen Theile successive in Bewegung setzen. Aber alsdann müßte zunächst keiner der höheren Führer, worauf er sich vorzubereiten habe und die Truppe müßte unnützerweise lange stehen, bevor sich die letzten Abtheilungen in Bewegung setzen können. Ein derartiges Verfahren empfiehlt sich daher nur, wenn kein anderer Ausweg übrig bleibt, z. B. wenn am 26. Juni, statt des anbefohlenen Ruhetages, durch ein Gefecht des Garde-Korps bei Braunau, ein plötzlicher Abmarsch des Gros der 2. Infanterie-Division dorthin nöthig gewesen wäre. Dann aber konnte dies um so eher stattfinden, da die bisherige Avantgarde gegen Trautenau verbleiben mußte und die nächsten Anordnungen sich nur auf die dicht um Schömberg vereinigt bivouakirenden Truppen bezogen hätten.

Es ist in einem derartigen Befehl nun zunächst erforderlich, daß die Unterführer über Alles, was ihr Kommandirender vom Feinde weiß, soweit es auf seinen vorliegenden Zweck Bezug hat, orientirt werden. Erst beim Divisions-Kommandeur laufen alle Fäden zusammen, jeder unter ihm stehende Befehlshaber kann nur eine einseitige Ansicht von der allgemeinen Sachlage haben. Da bei einer so bedeutenden Truppen-Abtheilung der höchste Führer nicht bei jedem unter ihm stehenden Kommandeur anwesend sein, auch die erforderlichen Details unmöglich persönlich anordnen kann, so werden letztere erst durch eine derartige allgemeine Information in die Lage versetzt, zweckmäßige Anordnungen zu treffen; dann erst vermögen sie ihre Aufmerksamkeit in erhöhtem Grade der Richtung zuzuwenden, aus welcher man den Gegner zu erwarten hat, ohne diese Aufmerksamkeit zu zersplittern; auch können sie alsdann die entsprechenden Detail-Anordnungen zur richtigen Zeit treffen, ohne unzeitig die Truppen anzustrengen.

Ebenso gehört eine Mittheilung über das, was beabsichtigt wird, in den Befehl. Hierbei darf man jedoch nicht zu weit gehen. Gewiß ist es der Truppe sehr interessant, zu erfahren, wie ihr besser orientirter Kommandeur die ganze Situation ansieht, aber dieser Führer hat sich alle Eventualitäten zu überlegen, und eine derartige detaillirte Anschauung, den Unterführern dargelegt, würde diese nur verwirren, da sie fast nie in der Lage sind, zu erkennen, welcher der eventuellen Fälle wirklich eintritt. Ueberdies vergegenwärtige man sich, unter welchen Verhältnissen der Befehl meistens bei ihnen eingeht. Hier war dem Armee-Korps sein Verfahren für mehrere Tage durch das Ober-Kommando vorgeschrieben, da es sich um einen Durchzug durch das Gebirge handelte und die Korps der Armee, auf Tagemärsche getrennt, auf wenige Wege angewiesen, in großer Breite marschiren mußten. Es war mithin unmöglich, die Bewegungen von einem Tage zum andern anzuordnen. Das Armee-Korps befand sich daher in der glücklichen Lage, bereits sehr frühzeitig seine Ordres für den folgenden Tag ausgeben zu können. Das ist aber eine seltene Ausnahme. In der Regel kann das Ober-Kommando erst, nachdem die Meldungen der einzelnen Korps über die Ereignisse des Tages bei ihm eingegangen sind, seine Befehle ertheilen; in der Nacht laufen diese bei den nicht unmittelbar am großen Hauptquartier liegenden Korps ein und erst in den frühesten Morgenstunden erhalten die letzten Abtheilungen — die Brigaden und Regimenter — dieselben auf dem Instanzenwege. Halb verschlafen, bei mangelhafter Beleuchtung und schwer zu lesenden Karten, haben die Kommandeure ihre Anordnungen zu treffen, da ist nun jedes Wort in einem solchen Befehl, das nicht unumgänglich nothwendig ist, vom Uebel. Bogenlange Befehle erfordern viel Zeit, um gelesen, und noch mehr Zeit, um überhaupt verstanden zu werden, und das Kriterium eines guten Befehls bleibt Einfachheit und Klarheit; streicht man aus einem solchen nur ein Wort aus, so muß er überhaupt unverständlich werden; ist dies nicht der Fall, so war jenes Wort zu viel, daher unnütz und schädlich.

Es muß mithin jeder Kommandeur sehr wohl überlegen, was er von der ihm zugegangenen Information an seine Abtheilungen weiter zu geben hat, und was davon nicht erforderlich ist. Im vorliegenden Falle z. B. mußte der Divisions-Kommandeur wissen, was sein kommandirender General beabsichtigte, nachdem man Parschuitz erreicht hatte. Seine Division konnte an diesem Orte früher eintreffen, als der mit der andern Division marschirende Korps-Kommandeur. Was sollte dann geschehen? Sollte das Korps hier verbleiben, so brauchten seine Truppen nicht durch stundenlanges Stehen ermüdet zu werden, sondern etablirten die Bivouaks und zogen ihre Trains heran. Wollte man dagegen weiter marschiren und hatte die Division die Avantgarde zu übernehmen, so mußten die einzelnen Abtheilungen in anderer Formation vorgezogen werden, als wenn die Division später zum Gros des Armee-Korps gehören sollte.

Demgemäß war im Befehl des kommandirenden Generals gesagt, daß man sich bei Parschnitz vereinigen wolle, um von dort in einer Kolonne den Weitermarsch auf Arnau anzutreten, ferner:

„Die 2. Division habe bei diesem Weitermarsch zum Gros des Korps zu stoßen und vorher bei Parschnitz zwei Stunden zu ruhen."

Diese Information war in ihrer ganzen Ausdehnung für den Divisions-Kommandeur nothwendig, aber auch nur für ihn. Sobald man Parschnitz erreichte, war er für seine Person gewiß dort und hatte es in der Hand, den successive eintreffenden Abtheilungen den Befehl zum Rendez-vous persönlich zu geben und sie gleichzeitig dabei so zu formiren, wie der Weitermarsch es bedingte. Alsdann konnten die getrennten Theile der 1. Infanterie-Brigade des Husaren-Regiments und des Sanitäts-Detachements eventuell schon dort zusammenstoßen und die Fuß-Abtheilung ihre detachirte leichte Batterie wieder heranziehen.

Es genügte also in dem Divisionsbefehl die Mittheilung, daß man sich bei Parschnitz mit dem anderen Theile des Armee-Korps vereinigen wolle.

Hierdurch erfuhr die Truppe gleichzeitig, daß Alles, was sich auf dem Marsche in ihrer rechten Flanke zeige, der 1. Infanterie-Division, also einer ihrer befreundeten Abtheilung angehöre. Ueber die weitere Information in Bezug auf die Neben-Kolonnen ist das Erforderliche bereits früher erwähnt.

Gleichzeitig ist jedoch auch nöthig zu sagen, was zu geschehen habe, wenn man auf den Feind stößt. Hier liegen die Verhältnisse sehr einfach, da derselbe nur auf dem Wege, welchen die Avantgarde verfolgt, zu erwarten ist. Nur für diese ist mithin hinzuzufügen, daß sie ihn ohne Weiteres angreife, da der Divisions-Kommandeur möglicher Weise in dem Augenblick nicht bei ihr sein kann und alsdann Zeitverlust entsteht.

Die Gruppirung der Truppen zum Marsche kann in verschiedener Weise denselben mitgetheilt werden. Entweder — wie im vorliegenden Falle — durch eine dem Befehl beigefügte „Truppen-Eintheilung für den xten" oder, indem man die darauf bezüglichen Anordnungen in den Text des Befehls aufnimmt.

Die beigefügte „Truppen-Eintheilung" ergiebt ein übersichtliches, schnell zu fassendes Bild der gesammten Marsch-Ordnung, aber dazu muß das Blatt, auf welchem sie geschrieben, dem Auge desjenigen, für den es bestimmt ist, auch unmittelbar unterbreitet werden. Vielfach ist dies aber nicht der Fall, bei kleineren Truppenkörpern sogar nur ganz ausnahmsweise. Unter allen Verhältnissen mithin, wo der Befehl den Adjutanten in die Brieftasche diktirt wird, thut man gut daran, Aenderungen, welche in der Truppen-Eintheilung eintreten, in den Wortlaut des Befehls aufzunehmen, wogegen Befehle, die auf weitere Entfernung bei ausreichender Zeit durch das Bureau expedirt werden, besser die Truppen-Eintheilung in graphischer Darstellung auf dem gebrochenen Blatte enthalten.

Würde der hier in Rede stehende Befehl den nach Schömberg hin zu einer bestimmten Zeit beorderten Adjutanten diktirt worden sein, so würde derselbe beispielsweise folgendermaßen gelautet haben:

Divisions-Befehl für den 27. Juni.

„Feindliche Kavallerie beobachtet diesseits Trautenau die Grenze. Das Armee-Korps wird letztere morgen den 26. Juni überschreiten und sich zunächst bei Parschnitz vereinigen, das Garde-Korps befindet sich bei Braunau.

Die 1. Infanterie-Division rückt von Liebau um 4 Uhr früh über Golden-Oels vor.

Die Avantgarde der 2. Infanterie-Division, zu welcher der Rest des Husaren-Regiments, die Pionier-Kompagnie und 1 Sektion des Sanitäts-Detachements stoßen, tritt ebenfalls um 4 Uhr auf der Straße nach Trautenau an.

General-Major B. hat die Verbindung mit der 1. Division zu unterhalten; der Feind ist, wo er sich zeigt, sofort anzugreifen.

Das Gros der Division tritt um 4 Uhr 10 M. Vorm. an, Infanterie-Regiment Nr. 2 an der Tete, demnächst die Fuß-Abtheilung, die 2. Infanterie-Brigade, der Rest des Sanitäts-Detachements und das Feld-Lazareth Nr. 2.

Die Kavallerie-Brigade folgt um 5¼ Uhr.

Die Trains verbleiben bis auf weiteren Befehl nördlich Schömberg.

Der Divisions-Kommandeur befindet sich bei der Avantgarde.

St.-Q. Schömberg
26. 6. 66 6 Uhr Nm.

A.
(Gen.-Lieut. u. Divisions-Kommandeur.

Es ist bei diesen Befehlen kein spezieller Kommandeur für das Gros ernannt worden, da eine derartige Anordnung überflüssig erscheint. Die Reihenfolge der einzelnen Theile des Gros ist für den Zweck des Marsches bestimmt; kommt es zum Gefecht, so muß der Divisions-Kommandeur doch diese Theile einzeln dirigiren.

Ist jedoch für eine Abtheilung ein spezieller Kommandeur — wie hier für die Avantgarde — bestimmt, so liegt diesem auch ob, seine Truppe in der Art und Weise zu formiren, wie er sie zu verwenden gedenkt.

Eine besondere Aufmerksamkeit ist der Anordnung der Abmarschzeiten zuzuwenden. Unnöthige Aufregung läßt in der Regel übersehen, daß eine Masse, wie eine Division, selbst wenn sie räumlich in einzelne Theile getrennt ist, doch nicht mit einem Male sich in Bewegung zu setzen vermag und ermüdet die Truppen durch frühzeitiges Versammeln. Wie groß die Strapazen sein werden, die an einem Tage bevorstehen, läßt sich vorher noch gar nicht absehen; deshalb ist mit um so größerer Gewissenhaftigkeit darüber zu wachen, daß Alles, was unnütz ermüdet, vermieden werde.

Im vorliegenden Falle hat der Bestimmung der Abmarschzeiten folgende Berechnung zu Grunde gelegen:

Die Länge der in einer Marsch-Kolonne befindlichen Avantgarde beträgt nach einem oberflächlichen Anschlage circa 2600 Schritt. Die Entfernung vom Bivouak derselben bis zu dem des Gros circa 2500 Schritt. Bräche das Gros also gleichzeitig mit der Avantgarde auf, so träfe seine Tete noch auf die im Bivouak stehenden letzten Abtheilungen derselben und müßte noch circa eine Minute warten, bevor sie ihr unmittelbar zu folgen vermöchte. Es ist aber wünschenswerth, einen Zwischenraum von ungefähr 1000 Schritt offen zu halten, mithin braucht das Gros, obgleich es ¼ Meile rückwärts der Avantgarde liegt, erst circa 10 Minuten später als diese anzutreten.

Die Kolonne des Gros der Division hat eine Länge von circa 5000 Schritt, so daß ihre letzte Abtheilung den Bivouaksplatz erst 50 Minuten, nachdem ihre Tete angetreten ist, verläßt. Die Entfernung von diesem Platz bis zu dem Bivouak der Kavallerie-Brigade beträgt 2500 Schritt; letztere braucht daher erst circa 25 Minuten später als die Tete des Gros anzutreten, um, im Schritt marschirend, sich unmittelbar der Queue des Gros anzuschließen. Dann aber würde die Kavallerie der Infanterie 1½ Meile im Gebirge zu folgen haben und kann sich also während der ersten drei Stunden nur im Schritt bewegen; man thut daher besser, ihr lieber im Bivouak noch länger Ruhe zu gewähren, da sie die Zeit leicht wieder einzuholen vermag, und ein stellenweiser Trab für sie vortheilhafter ist, als das beständige Schritt reiten.

In Bezug auf das Gros sei noch bemerkt, daß die festgesetzte Aufbruchszeit 4 Uhr 10 Minuten natürlich sich nur auf das an die Tete beorderte Infanterie-Regiment Nr. 2 bezieht, die Fuß-Abtheilung, die ebenfalls dicht an der Chaussee liegt, braucht sich erst um 4 Uhr 20 Minuten, das Infanterie-Regiment Nr. 3 um 4 Uhr 35 Minuten und das Infanterie-Regiment Nr. 4 um 4 Uhr 45 Minuten in Bewegung zu setzen. Es ist Sache der betreffenden Führer, dies im Auge zu haben und ihre Truppen demgemäß unter Gewehr treten zu lassen. Ein derartiges Verfahren kann jedoch nur von bereits versammelten Truppen — also hier von den in einem Bivouak vereinigten Abtheilungen — eingeschlagen werden.

Stoßen die Truppen dagegen aus Kantonnements auf einem Rendez-vous-Platz zusammen, so wird der Kommandeur einer Brigade, eines Regiments ꝛc. seine gesammte Abtheilung zu einer bestimmten Zeit auf demselben versammelt haben wollen.

In Bezug auf die Bagagen und Trains einer Division ist zu bemerken, daß die zu einem Truppentheile gehörenden Handpferde demselben unmittelbar zu folgen haben. Mit Strenge ist dabei darauf zu achten, daß dieselben nicht in vollständige Packpferde verwandelt werden, sondern im Falle des Bedarfs sofort zu besteigen sind.

Ebenso gehören zu ihren Truppentheilen: die Medizin-Karren, sowie sämmtliche Fahrzeuge der Batterien und Pionier-Kompagnien, mit Ausnahme der Pack- und Marketender-Wagen. Die Infanterie-Patronen-Wagen sind diejenigen Fahrzeuge, welche man heutigen Tages am allerwenigsten von den Bataillonen trennen darf. Es wird vorgeschlagen, dieselben wenigstens innerhalb der Brigaden zu vereinigen und sie der Queue derselben folgen zu lassen, bei abgezweigten Abtheilungen aber, z. B. wo eine Avantgarde durch ein Regiment gebildet wird, sie unmittelbar denselben anzuschließen. Indeß dürfte es doch zweckmäßiger erscheinen, wenn jedes Bataillon seinen Patronen-Wagen bei sich behält, da es sonst bei plötzlicher Detachirung oder auseinanderführenden Gefechtszwecken doch leicht dauernd von ihm getrennt werden könnte.

Der Queue der letzten Abtheilung folgen in der Regel auf ¼ Meile Abstand die Truppen-Fahrzeuge, und zwar in folgender Reihe:

die Stabswagen,
die Packwagen,
die Marketenderwagen.

Sobald ein Gefecht in Aussicht steht, werden ein oder mehrere Feld-Lazarethe bereits dieser Staffel beigefügt.

Auf weiteren Abstand von ungefähr 1 Meile folgen alsdann die Trains der Division. Diese bestehen aus:

den Wagen der Branchen,
Verpflegungs-Vorspannwagen und
den zugetheilten Kolonnen resp. Feld-Lazarethen.

Je nach den Umständen werden in Bezug auf Abstand und Vertheilung der Wagen und Kolonnen anderweitige Anordnungen statthaft sein.

Im vorliegenden Falle z. B. muß auf das enge Gebirgs-Defilee, auf die Möglichkeit eines Gefechts in oder vor demselben, sowie auf den Marsch der Garde, welche von Albendorf bis Parschnitz ebenfalls das Defilee zu durchschreiten hat, Rücksicht genommen werden.

Es erscheint daher angemessen, sowohl die Truppen-Fahrzeuge als auch den Train der Division vorläufig noch bei Schömberg resp. Bertelsdorf zu belassen, und sie erst dann heranzuziehen, wenn nach dem Debouchiren aus dem Defilee kein Gefecht in Aussicht steht und die 1. Garde-Infanterie-Division ebenfalls dasselbe durchzogen hat. Ein zu frühes Heranziehen der Trains ꝛc. muß unter den obwaltenden Umständen ganz besonders vermieden werden. Nöthigt ein unglückliches Gefecht zum Rückzuge und folgen die Trains zu dicht auf, so wird in der Regel eine Verstopfung der Straße unausbleiblich, die leicht eine Katastrophe zur Folge haben kann. —

Angemessen erscheint es dagegen, das Feld-Lazareth in Rücksicht auf die Möglichkeit des Gefechts mitzunehmen und dieses der Queue der Division anzuschließen. Ebendahin gehört der Divisions-Brücken-Train. Eigentlich müßte dieser sich bei der Pionier-Kompagnie befinden, aber in dem Berg-Defilée kann man wohl die Pioniere bei der Avantgarde benutzen, den Train selbst jedoch nicht verwenden. Andererseits darf dieser aber auch nicht gänzlich zurückgelassen werden, da sich später in der Ebene beim Ueberschreiten der Aupa leicht Gelegenheit zu seiner Benutzung finden könnte.

Die Bildung einer besonderen, aus allen Waffen zusammengesetzten Arrièregarde erscheint im vorliegenden Falle nicht erforderlich, da ein Angriff des Feindes auf die Queue der Kolonne in keiner Weise zu erwarten steht. Es genügt daher, wenn, sobald die Formation einer Arrièregarde nicht speziell befohlen wird, der zuletzt marschirende Truppentheil, am geeignetsten von der Kavallerie, einen Zug auf einige Distanz folgen läßt, dem alsdann nur eine polizeiliche Bedeutung zuzumessen ist. In verschiedenen Kriegslagen, namentlich auch in einem insurgirten Lande, wird man indeß einer besonders formirten Arrièregarde nicht entbehren können. Ihre Stärke wird alsdann von den obwaltenden Verhältnissen bedingt.

Schließlich sei noch bemerkt, daß stets angegeben werden muß, wo sich der Divisions-Kommandeur befindet, damit alle Meldungen ihn treffen können. Im vorliegenden Falle hat er seinen Platz bei der Avantgarde gewählt, da seine Anordnungen von dem abhängen, was diese vor sich finden wird. Seine Anwesenheit bei derselben ist jedoch nicht durchaus nothwendig, da, wenn man auf den Feind stößt, der Kommandeur der Avantgarde dazu da ist, um das zunächst Erforderliche anzuordnen. In der Regel gehört daher auch der Kommandeur einer Kolonne zur Masse seiner Truppen, also zum Gros.

Ueber den etwaigen Rückzug theilt man in schriftlichen Befehlen Nichts mit. Derartige Befehle gelangen in zu viele Hände, und in dem Moment, wo Alles nur danach trachten muß, den Sieg zu erringen, darf man der Truppe nicht sagen, daß sich ihre Führer bereits mit Rückzugs-Gedanken tragen. Will man in Bezug auf den Rückzug Direktive geben, so geschieht dies mündlich;

im vorliegenden Falle ist aber auch dies nicht erforderlich, da, wenn man vor Parschnitz zum Rückzuge gezwungen werden sollte, Niemand auf den Gedanken kommen kann, denselben anders, als auf der einzigen vorhandenen Straße, auf welcher man vormarschirt ist, anzutreten, es sei denn, daß man vom Feinde in eine andere Richtung geworfen wird; alsdann aber nützen alle im Voraus gegebenen Befehle Nichts.

Der 27. Juni.

Information über das Garde-Korps und Anordnungen in Folge derselben.

Am Morgen des 27. gegen 1 Uhr früh wurde durch einen von Liebau kommenden Ordonnanz-Offizier des Garde-Korps dem Kommandeur der 2. Infanterie-Division folgendes Schreiben übergeben:

Garde-Korps.   Stabs-Quart. Deutsch-Wernersdorf,
1. Garde-Inf.-Div.   26. 6. 66 7 Uhr Mrn.
Sect. 1. J.-Nr. —
An das General-Kommando 1. Armee-Korps
                                               zu Liebau.

„Die Division hat den Befehl, morgen früh von Dittersbach und Deutsch-Wernersdorf aus auf der Trautenauer Straße über Abersbach, Qualisch und Petersdorf nach Parschnitz zu marschiren und von dort im Aupa-Thale nach Süden abzubiegen. Die Division soll ihren Marsch beginnen, wenn die Truppen des I. Armee-Korps die Straße frei gemacht haben werden; sie wird deshalb bei Qualisch diesen Zeitpunkt abwarten, doch gleichzeitig bereit sein, um das I. Armee-Korps für den Fall eines Widerstandes bei Trautenau zu unterstützen.

Um die Abmarschzeit danach bemessen zu können, bittet das Königl. General-Kommando die Division, ihr mittheilen zu wollen, wann Albendorf voraussichtlich von den Truppen desselben passirt sein wird.

                                          X
           Gen.-Lieut. und Divisions-Kommandeur.

Pr.: Liebau 26. 6. 66 11¼ Abends.

H.-Q. Liebau, 26. 6. 66 11¾ Uhr Abends.

„Brm. der 1. Garde-Infanterie-Division mit der Benachrichtigung, daß die um Schömberg stehende 2. Infanterie-Division und die 1. Kavallerie-Brigade am 27. Juni Morgens 4 Uhr ihren Marsch antreten und von dort über Albendorf vorgehen werden. Bei Parschnitz wird diese Kolonne circa 2 Stunden ruhen und das Eintreffen des übrigen Theils des Korps, welcher von Liebau dorthin dirigirt ist, abwarten. Die Zeit des Eintreffens bei Parschnitz wird wesentlich von dem eventuellen Widerstand des Feindes abhängen, dürfte jedoch keinesfalls viel vor 8 Uhr stattfinden."

Der kommandirende General
Y

An die 2. Infanterie-Division zu Schömberg
 zur Kenntniß, demnächst:
An die 1. Garde-Infanterie-Division
 zu Deutsch-Wernersdorf zurück.

Der Kommandeur der 2. Infanterie-Division setzte an der betreffenden Stelle hinzu:

Pr. und Kenntniß genommen.
 Stabs-Quartier Schömberg, 27. 6. 66 12¾ Uhr Morgens.
   A.
  Gen.-Lieut. u. Kommandeur der 2. Inf.-Div.

worauf der Ordonnanz-Offizier seinen Ritt zur Garde-Infanterie-Division fortsetzte.

Nunmehr auch über die beabsichtigten Bewegungen der links von ihm befindlichen Abtheilungen der Armee informirt, sah sich der Divisions-Kommandeur veranlaßt, die Kavallerie-Brigade mit entsprechender Weisung zu versehen, damit diese durch den etwas spät angeordneten Aufbruch nicht etwa bei Albendorf durch die Garde-Division von ihrer Infanterie abgedrängt werde.

Es erging daher an den Kommandeur der Kavallerie sofort per Ordonnanz folgende schriftliche Mittheilung:

I. Armee-Korps. Stabs-C. Schömberg,
2. Infanterie-Div. 27. 6. 66 1 Uhr früh.
Sect. 1. J.-R. —

„Nach eben eingegangener Benachrichtigung wird die bei Deutsch-Wernersdorf befindliche 1. Garde-Infanterie-Division heute früh über Abersbach vorrücken und zu ihrem Weitermarsch von Albendorf aus den von der diesseitigen Division einzuschlagenden Weg auf Parschnitz benutzen. Die Brigade hat sich demgemäß so einzurichten, daß sie bei Albendorf die Queue der diesseitigen Division rechtzeitig erreicht und nicht durch die Tete der Garde-Division von derselben abgedrängt wird."

A.
Gen.-Lieut. u. Divisions-Kommandeur.

An die Königl. 1. Kavallerie-Brigade
im Bivouak nördlich Schömberg.

Bemerkungen zu den getroffenen Anordnungen.

Der Seitens der Garde entsandte Ordonnanz-Offizier mußte, um von Liebau nach Deutsch-Wernersdorf zu gelangen, das Stabs-Quartier der 2. Infanterie-Division, Schömberg, passiren. Ausnahmsweise konnte daher die betreffende Mittheilung dem General-Lieutenant A. in oben angegebener Weise zugehen. Sonst ist im Felde eine Benachrichtigung durch Circulair, wie dies im Frieden häufig geschieht und statthaft ist, prinzipiell zu vermeiden. Vielmehr ist jeder Befehl ꝛc. in so viel Exemplaren auszufertigen, als die Zahl der Kommando-Stellen, denen er zugehen soll, beträgt, wenn man überhaupt auf sicheres und schnelles Eintreffen desselben rechnen will.

Nach Eingang dieser Benachrichtigung bei der 2. Infanterie-Division war ein sofortiges Avertissement an die übrigen Abtheilungen derselben nicht erforderlich, da diese keine weiteren Anordnungen zu treffen hatten.

Die Mittheilung über den Marsch der Garde-Division, soweit solche für die Führer der einzelnen Abtheilungen nothwendig, kam beim Abmarsch, woselbst der Divisions-Kommandeur diese sehen mußte, noch immer früh genug.

Weiter regt der Umstand, daß die 1. Garde-Infanterie-Division ihre Information über das, was von der 2. Infanterie-Division in Schömberg am 27. geschehen sollte, in Liebau — also über Schömberg hinaus — suchte, noch zu einer Betrachtung über die Lage der verschiedenen Stabsquartiere an.

Im Allgemeinen gehört jeder Kommandeur zu der Masse seiner Truppen. Im Armee-Verbande muß er jedoch darauf Rücksicht nehmen, daß seine Bewegungen von den Anordnungen der höheren Instanz abhängen, und daß er die Willens-Aeußerungen derselben zunächst erhält; namentlich wird das Vorhandensein von Telegraphen-Leitungen hierbei wesentlich von Einfluß sein. Wollte z. B. das General-Kommando I. Armee-Korps seine Bewegungen mit denen des Garde-Korps auf kürzestem Wege im Zusammenhange erhalten, so mußte es nach Schömberg verlegt werden. Da es aber von den Anordnungen des Ober-Kommando's der II. Armee abhängig war, so mußte es in Liebau verbleiben, indem die dortige Telegraphen-Station (vorausgesetzt, daß sich zu Schömberg keine befindet) am schnellsten die Verbindung mit dem Ober-Kommando vermittelte. Ebenso durfte der Kommandeur der 2. Infanterie-Division sich nicht bei seiner Avantgarde dauernd aufhalten, da, so großes Interesse es auch für ihn hatte, frühzeitig über etwaige Bewegungen des Feindes informirt zu werden, doch die schnelle Ausführung eines von seinem General-Kommando ertheilten Befehls von größerer Wichtigkeit war.

Ein derartiger Befehl hätte über Schömberg — also beim Gros der Division vorbei — ihn erst nach einer weiteren Viertelmeile bei der Avantgarde erreicht und von dort durch ihn wieder nach Schömberg zurückgesandt werden müssen, also einen Weg unnütz doppelt zurückgelegt, bevor die Division in Bewegung gesetzt werden konnte. Für Alles, was sich durch den Feind ereignen konnte, war, sobald Gefahr im Verzuge, der Avantgarden-Kommandeur mit der Avantgarde da, die Division aber kam ebenso schnell zu deren Unterstützung an, wenn der Divisionskommandeur sich in Schömberg aufhielt, als wenn er sich bei der Avantgarde befand.

Das Außerachtlassen der Gesichtspunkte, unter welchen ein Stabsquartier zu wählen ist, hat nachweislich schon vielfach im Kriege unnöthige Verzögerungen und in weiterer Folge Unheil hervorgerufen.

Uebrigens sei hierbei bemerkt, daß entweder der Divisionair oder sein Generalstabs-Offizier stets im Stabsquartier anwesend sein muß;

die gleichzeitige Entfernung beider ist nicht angänglich. Träfen während ihrer Abwesenheit irgend wichtige Befehle, Meldungen oder Anfragen ein, so sind die Divisions-Adjutanten nicht in der Lage, das Erforderliche zu veranlassen, da es ihnen an allgemeiner Orientirung und Bekanntschaft mit den Intentionen ihres Kommandeurs in der Regel fehlen wird.

Vormarsch auf Parschnitz.

Generallieutenant A. stieg um $3^1/_2$ Uhr früh zu Pferde und begab sich mit seinem Stabe zur Avantgarde.

Das in der Stadt befindliche Husaren-Detachement war angewiesen worden, mit dem Infanterie-Regiment Nr. 2 zu marschiren.

Beim Gros der Avantgarde war das Husaren-Regiment, die Pionier-Kompagnie, sowie die Sektion des Sanitäts-Detachements bereits eingetroffen. Sämmtliche Truppen standen zum Antreten bereit; das auf Vorposten befindlich gewesene Füsilier-Bataillon hatte bei der weiten Entfernung vom Gegner, und da Husaren-Patrouillen auf der einzigen Straße schon vorgegangen waren, die detachirten Kompagnien eingezogen und befand sich circa 1000 Schritt vorwärts an der Chaussee. Generalmajor B. hatte soeben sämmtliche Kommandeure um sich versammelt und ertheilte ihnen seine Befehle. Diese lauteten:

„Die Division marschirt auf der Straße nach Trautenau bis Parschnitz vor, woselbst sie sich mit der von Liebau anrückenden 1. Infanterie-Division vereinigen wird."

„Major N., Sie übernehmen mit dem Füsilier-Bataillon, der 4. Eskadron, 2 Geschützen und der Pionier-Kompagnie die Vorhut. Was sich vom Feinde zeigt, wird sofort angegriffen. Die Verbindung mit der 1. Infanterie-Division ist auf den über die Berge führenden Wegen durch Kavallerie-Patrouillen zu unterhalten."

„Oberst D., Sie folgen mit den beiden Bataillonen Ihres Regiments im jetzigen Abstande, die Batterie hinter dem Teten-Bataillon; nach der Infanterie tritt das Sanitäts-Detachement und nach diesem das Husaren-Regiment an."

„Die Fahrzeuge bleiben gesammelt nördlich der Straße bis auf Weiteres stehen. Meldungen treffen mich bei der Vorhut."

Während die 4. Eskadron und 2 Geschütze nebst der Pionier-Kompagnie an das Füsilier-Bataillon heranrückten, war der Kommandeur desselben vorausgeeilt und hatte die 12. Kompagnie bereits 300 Schritt weiter vorgeschoben.

Kurz vor 4 Uhr waren die einzelnen Abtheilungen der Vorhut in der Art und Weise nach vorwärts formirt, wie sie den Marsch antreten sollten, und um 4 Uhr setzte sich die Avantgarde nunmehr in Bewegung, wobei die 4. Eskadron sofort weiter vortrabte.

Vorhut.
(Formation vor dem Antreten.)

4. Zug
300 Schritt } der 4. Eskadron Husaren-Regts. Nr. 1.
Drei Züge

300 Schritt

12. Komp.
300 Schritt
} Füsilier-Bataillon Infant-Regts. Nr. 1.
11. Komp.
10. Komp.
9. Komp.

2 Geschütze der 1. leichten Batterie.

Pionier-Kompagnie.

600 Schritt.

Gros der Avantgarde.

2. Bataillon
4 Geschütze der 1. leichten Batterie. } Infanterie-Regts. Nr. 1.
1. Bataillon

Sektion des Sanitäts-Detachements.

1., 2. und ³/₄ 3. Esk. Husaren-Regts. Nr. 1.

Der Divisions-Kommandeur ließ die einzelnen Abtheilungen bei sich vorbeimarschiren und erwartete an dieser Stelle das Gros der Division, um sich zu überzeugen, daß dasselbe in der befohlenen Weise formirt sei.

Beim Eintreffen des Gros benutzte der Divisions-Kommandeur die Gelegenheit, um den einzelnen Führern Mittheilung über den Marsch der 1. Garde-Infanterie-Division zu machen. Nachdem er sich überzeugt hatte, daß die Kolonne sich in der vorgeschriebenen Weise im Marsch befand und auch in Bezug auf Marsch-Disziplin nichts zu erinnern sei, begab er sich zur Avantgarde.

Diese hatte beim Aufbruch eine Patrouille von 3 Pferden zur 1. Infanterie-Division mit der schriftlichen Mittheilung abgesandt:

Avantgarde der 2. Infanterie-Division.   Bertelsdorf den 27. 6. 66
                                                    4 Uhr früh.

„Die Avantgarde ist um 4 Uhr von Bertelsdorf aufgebrochen und marschirt auf der großen Straße von Schömberg nach Parschnitz."

B.
General-Major und Brigade-Kommandeur.

Als die Tete vor Petersdorf eintraf, machte die Division ein kurzes Rendez-vous, wobei die Marsch-Kolonne in ihrer Formation auf dem Wege verblieb.

Erst hier gestattete ein über das Gebirge führender Weg die Absendung einer zweiten Patrouille nach dem Thal von Golden-Oels und zwar in der Richtung auf Bernsdorf. Derselben wurde folgende schriftliche Mittheilung an die 1. Infanterie-Division mitgegeben:

Avantgarde der 2. Infanterie-Division.   Petersdorf den 27. 6. 66
                                                    5 Uhr 30 M. früh.

„Die Avantgarde hat mit ihrer Tete soeben Petersdorf erreicht. Vom Feinde bis jetzt nichts zu sehen."

B.
General-Major und Brigade-Kommandeur.

Andrerseits traf um 6 Uhr 15 Minuten 1 Unteroffizier mit 6 Dragonern der 1. Infanterie-Division beim Gen.-Lieut. A. ein und übergab einen Zettel folgenden Inhalts:

1. Infanterie-Division.   Vor Bernsdorf den 27. 6. 66
                          5 Uhr 25 M. früh.

„Die Division hat um 4 Uhr den Marsch auf Parschnitz angetreten. 1000 Schritt vor Bernsdorf nöthigte eine zerstörte Chaussee-Brücke zu einigem Aufenthalt. Jenseits derselben attaquirte ein Zug Windischgrätz-Dragoner die Tete der Avantgarde, ward aber mit Verlust zurückgewiesen. Die Division hat soeben Bernsdorf erreicht, feindliche Kavallerie-Patrouillen beobachten den Marsch von den Höhen aus."

J. A.
M.
Hauptmann und Generalstabs-Offizier
der 1. Infanterie-Division.

Der richtige Eingang wurde dem Patrouillen-Führer durch einen Divisions-Adjutanten unter Angabe der Zeit quittirt und die Bemerkung „diesseits nichts Neues" hinzugefügt.

Bei Welhota stieß der an der Tete befindliche Husaren-Zug auf feindliche Dragoner; diese gingen jedoch, als sich der Rest der 4. Eskadron näherte, in beschleunigter Gang-Art in der Richtung auf Trautenau zurück.

Um 6 Uhr 30 Minuten debouchirte die Tete der Avantgarden-Infanterie aus dem Gebirge östlich von Parschnitz, das Gros erreichte den Süd-Ausgang von Petersdorf, die Queue der Kavallerie-Brigade befand sich um diese Zeit in der Mitte von Bertelsdorf.

In der Höhe des westlichen Ausganges von Parschnitz zeigten sich einige Reiter, sonst war nirgends etwas Auffallendes zu bemerken; auf der Liebauer-Straße waren keine Truppen-Bewegungen sichtbar.

Bemerkungen zum Vormarsch auf Parschnitz.

Formation der Avantgarde.

Zur Formation der Avantgarde ist noch Folgendes zu bemerken:

Auch im Gebirge muß die Kavallerie die Spitze übernehmen, nur ist die Stärke, welche hier zur Verwendung kommen kann, eine beschränkte; sie soll eigentlich nur sichern und avertiren; Patrouillen dieser Waffe reichen daher in derartigem Terrain aus. Da hier jedoch die Anwesenheit feindlicher Dragoner bekannt ist, so dürfte es angemessen erscheinen, so viel Kavallerie an die Tete zu nehmen, als die Breite des Thales zum Gefecht zu entwickeln gestattet, also höchstens eine Eskadron.*)

Eine vorgeschobene Kompagnie dient dieser Kavallerie zum Soutien; sie kann schnell genug ausbiegen, wenn jene vom Feinde zurückgeworfen wird und genügt, um die Verfolgung zu hemmen.

Andererseits kommt die Kavallerie in diesem defileeartigen Terrain vor feindlichen Infanterie-Detachements leicht zum Stehen und bedarf dann der eigenen Infanterie, um jene zu vertreiben.

Ließe man die Masse der Infanterie der Kavallerie geschlossen folgen, so vermag sie bei einem Zurückjagen letzterer unmöglich schnell genug aus dem Wege zu gehen, wird umgeritten und geräth alsdann das Ganze in Unordnung.

Um so mehr ist hier die Bildung einer Vorhut nothwendig, da man im Gebirgsthale nicht überall ausbiegen kann und die Straße durch das plötzliche Erscheinen feindlicher Artillerie auf einer sich vorlegenden Bergnase oft von weither unter Feuer genommen wird. Die Gliederung der Avantgarde muß somit hier eine größere Tiefe einnehmen, als in ebenem und übersichtlichem Terrain.

Gut ist es ferner, der Vorhut bereits 2 Geschütze, sowie die Pionier-Kompagnie beizugeben. Zur Placirung der beiden Geschütze wird man fast überall Gelegenheit haben; ihr Zweck ist vornehmlich, sich nähernde feindliche Abtheilungen schon auf weite Distanz zum Stehen und zur Entwickelung zu zwingen, oder abziehenden Detachements Verluste zuzufügen.

Indeß ist festzuhalten, daß eine derartige Detachirung von der Batterie nur die Ausnahme, das Zusammenhalten derselben jedoch die Regel sein muß; im ebenen Terrain wird auch die Avantgarden-Batterie stets ungetheilt marschiren.

Die vorhandenen Pioniere dürfen nicht zu weit von der Tete einer Marsch-Kolonne entfernt sein. Eine einzige zerstörte Chaussee-Brücke würde hier den Marsch der ganzen Division in's Stocken bringen. Ihre Herstellung kann nicht schnell genug geschehen und deshalb muß dieselbe sofort und mit allen Kräften in Angriff genommen werden.

---

*) Es ist selbstverständlich, daß diese nicht an der Infanterie des Vortrupps stehen bleiben darf, sondern beim Antreten der Avantgarde so weit wie irgend möglich zur Aufklärung des Terrains sofort vortrabt.

Die bisher genannten Abtheilungen — 1 Bataillon, 1 Eskadron, 2 Geschütze und 1 Kompagnie Pioniere — bilden die **Vorhut**, deren Zusammensetzung sich je nach den Verhältnissen ändert. In gänzlich übersichtlichem Terrain, wenn eine starke Kavallerie vorangeht, bedarf man einer aus allen Waffen zusammengesetzten Vorhut häufig gar nicht.

Im **Gros der Avantgarde** folgen die Truppen in der Weise, wie man zunächst, wenn man auf den Feind stößt, sie zu verwenden vermag. Findet die Vorhut einen hartnäckigeren Widerstand, so daß das Gros einzugreifen genöthigt wird, so muß auch hier die Artillerie möglichst den Angriff vorzubereiten suchen. Ganz an der Tete einer neuen Abtheilung kann sie jedoch nicht marschiren, man läßt sie daher hinter dem Teten-Bataillon folgen.

Einziehen der Vorposten.

Sobald man im Angesicht des Feindes sich befindet, ist es im Allgemeinen sehr unzweckmäßig, die auf Vorposten befindlichen Abtheilungen einzuziehen und sie an die Spitze der Marsch-Kolonne zu setzen. Der Feind wird hierdurch von dem beabsichtigten Vormarsch auf das Schnellste und Sicherste unterrichtet. Man wird daher in der Regel gut thun, beim Antreten des Ganzen eine andere Abtheilung an die Tete zu nehmen und sobald diese die Vorposten überschritten hat, Letztere erst zu sammeln. Für das Abweichen von diesem Gesichtspunkt läßt sich im vorliegenden Falle indeß Folgendes anführen:

Der Gegner befindet sich nicht so nahe, daß er das Einziehen der detachirten Abtheilungen sofort entdecken würde. Rekognoszirungs-Patrouillen desselben, die sich in den Bergen vorgewagt haben könnten und dies zeitig bemerkten, vermögen nur auf Umwegen zu den Haupttrupps zurückzukehren, werden diese daher voraussichtlich erst zu einer Zeit erreichen, wenn der Marsch der diesseitigen Kolonnen auf der großen Straße bereits von den feindlichen Vorposten selbst entdeckt und gemeldet worden ist; außerdem befinden sich die Husaren-Patrouillen noch weiter vorwärts und ist eine eigentliche Vorpostenlinie überhaupt nicht etablirt gewesen.

Ferner befindet sich das zur Vorhut bestimmte Füsilier-Bataillon ziemlich konzentrirt, die zur äußersten Spitze bestimmte Kompagnie ist schon am Ausgange von Albendorf zum Antreten bereit. So entsteht durch das Einziehen der detachirten Abtheilung des Füsilier-

Bataillons weder ein Zeitverlust, noch ist zu besorgen, daß der Gegner die Vorbereitungen zum Marsch zu früh erkennt; dagegen fällt in's Gewicht, daß das Füsilier-Bataillon Regiments Nr. 1 diejenige Abtheilung ist, welche die meiste Kenntniß des zunächst zu betretenden Vorterrains besitzt, und eine solche Kenntniß speziell in Berggegenden doppelten Werth hat.

Marschlängen.
(s. Anlage III.)

Es ist schließlich noch von Interesse, sich einen Ueberblick über die gesammte Länge der Marschkolonne der Division zu verschaffen, sowie über die Zeit, welche sie gebraucht, um aufzumarschiren und zur Verwendung bereit zu stehen.

1. Avantgarde.

1 Infanterie-Regiment, nebst Handpferden, Patronenwagen, Medizin-Karren und rückwärtige Distanzen	1,190 Schritt.
1 Kavallerie-Regiment excl. 1 Zug	800 =
1 leichte Fuß-Batterie	480 =
1 Pionier-Kompagnie	140 =
Sektion des Sanitäts-Detachements	130 =
	2,740 Schritt.
Hierzu die Distanzen zwischen den einzelnen Theilen der Avantgarde (siehe deren Formation)	1,500 =
Distanze zwischen Avantgarde und Gros	1,000 =

2. Gros der Division.

a) Truppen.

1 Infanterie-Regiment (wie oben)	1,190 Schritt.
3 Batterien inkl. Abtheilungs-Stab	1,484 =
1 Infanterie-Brigade	2,440 =
Sektion des Sanitäts-Detachements	130 =
	5,244

b) Feld-Lazareth und Divisions-Brücken-Train.

Divisions-Brücken-Train	382 Schritt.
Feld-Lazareth	158 =
	540

Summa: 11,024 Schritt,

mithin ist die zum Gefecht vorgehende Kolonne einer Infanterie-Division etwas über eine Meile lang; ein von der Tete zur Queue geschickter Befehl, welcher auf dem Wege neben den Truppen-Kolonnen vorbei muß, dürfte ungefähr ½ Stunde bis zum Eintreffen gebrauchen (ein von der Queue zur Tete gehender Befehl mehr als doppelt so lange).

Soll der Aufmarsch in der Höhe der Vorhut erfolgen, so hat die letzte Truppen-Abtheilung fast 10,000 Schritt zurückzulegen und kann die ganze Division erst in circa 1¾ Stunde an dieser Stelle versammelt sein.

Zur Vervollständigung der Vorstellung über die Länge der mobilen Division sind die Truppen-Fahrzeuge und Trains noch hinzuzurechnen. Diese betragen, abgesehen von einer weiteren Zutheilung von Verpflegungs-Kolonnen oder mehrerer Feld-Lazarethe circa 2,150 Schritt. Da hier die Trains jedoch nur aus den circa 150 Schritt einnehmenden Fahrzeugen der Administrationen bestehen, so würde man eine gesonderte Trennung nicht eintreten lassen, sondern sie den Truppen-Fahrzeugen anschließen.

Im Falle also, daß die Truppen-Fahrzeuge unmittelbar folgen sollten, müßte man den Abstand zwischen Queue der Division und Tete dieser Fahrzeuge noch mit circa 2,500 Schritt hinzurechnen. Die gesammte Marschlänge der 2. Infanterie-Division steigt alsdann auf 15,674 Schritt: sie nimmt mithin mehr als 1½ Meile ein.

Für unser Beispiel kommt noch die Kavallerie-Brigade mit ihrer reitenden Batterie in Betracht.

Die Marschlänge der Brigade beträgt . . 1,774 Schritt,
der reitenden Batterie . . . . 500 =
                            Summa 2,274 Schritt,
ferner: Truppen-Fahrzeuge ic. 292
                            Total 2,566 Schritt.

Mithin ergiebt sich für die am 27. Juni früh von Schömberg auf Parschnitz marschirende Kolonne des I. Armee-Korps folgende Marschlänge, bei formirter Avantgarde und unter Zurücklassung der Truppen-Fahrzeuge:

Avantgarde (inkl. Distanzen zwischen ihren einzelnen Abtheilungen) . . . . 4,240 Schritt,
Distanze zwischen Avantgarde und Gros . . . 1,000 =
                            Latus 5,240 Schritt.

Transport	5,240 Schritt.
Gros der Infanterie-Division	5,244 =
Kavallerie-Brigade	2,274 =
Divisions-Brücken-Train und Feld-Lazareth	540 =
in Summa	13,298 Schritt.

Im Falle, daß die Truppen-Fahrzeuge auf Abstand einer Viertelmeile folgen sollten, träten noch hinzu:

Distanze zwischen Truppen und Fahrzeuge	2,500 Schritt,
Truppen-Fahrzeuge	2,442 =
mit in Summa	4,942

So daß sich alsdann eine Gesammt-Marschlänge von . . . . 18,240 Schritt ergäbe.

Hierbei ist der Schritt zu 0,80 Meter (9415,6 auf die alte Meile), also etwas größer als der Maßstab auf den Gefechtsplänen ihn angiebt, gerechnet. Die Differenz ist jedoch zu unwesentlich, um zur Geltung zu kommen, da festgehalten werden muß, daß alle derartigen normalen Marschtiefen nur annähernd richtig sind. Sie setzen das dichteste Aufbleiben der Truppen und ihren vollen Etat voraus. Beides findet in Wirklichkeit nicht statt, aber es kommt durchaus nicht darauf an, ob man den Aufmarsch einer Division, der circa 1³/₄ Stunden dauert, um 5 Minuten zu früh oder zu spät berechnet. Die normalen Marschtiefen sollen nur den Anhalt für eine ungefähr richtige Vorstellung gewähren, und für diesen Zweck reichen sie vollständig aus.*)

Ueberwachung der Marsch-Ordnung.

Es ist durchaus anzurathen, daß jeder höhere Führer beim Marsche mindestens einmal täglich seine Truppen bei sich vorbeidefiliren läßt, um die Marsch-Disziplin derselben zu kontrolliren und überhaupt ein Bild von ihrem Aussehen zu gewinnen.

---

*) Die Infanterie marschirt in Sektionen, die Kavallerie zu Dreien, die Artillerie zu Einem.

Wenn der Feind nicht in der Nähe und somit die Anwesenheit des Führers bei der Masse der Truppe nicht fortwährend nothwendig erscheint, ist eine derartige Besichtigung noch ganz besonders auf die Bagage und Trains auszudehnen, sonst reißen Unregelmäßigkeiten aller Art sofort ein.

Verbindung mit den Neben=Kolonnen.

Die Verbindung mit den Neben = Kolonnen kann selbst im Gebirge meist nur durch Kavallerie unterhalten werden; natürlich ist diese auf die Wege beschränkt und ein rechtzeitiges Zurückkommen derselben steht nicht in Aussicht. Ein solches ist auch nicht erforderlich, wenn nur die andere Kolonne es nicht unterläßt, ebenfalls Patrouillen abzusenden, denn diese Patrouillen haben bei den vorliegenden Terrain=Verhältnissen zunächst nicht den Zweck, für denjenigen, der sie abschickt, eine Information einzuholen, sondern den Führer, zu welchem sie geschickt werden, zu orientiren. Die Stärke dieser Patrouillen kann eine sehr geringe sein. Nur wenn der Feind thatsächlich in der Nähe ist, sind mehr Pferde hierzu zu verwenden. Aus diesem Grunde schickte auch die 1. Infanterie = Division einen Unteroffizier mit 6 Pferden ab, da ihre Tete bereits in Berührung mit feindlicher Kavallerie gerathen war.

Die Mittheilungen derartiger Patrouillen sind nicht ohne Werth. So z. B. weist die Notiz über die zerstörte Brücke darauf hin, daß die 2. Infanterie = Division voraussichtlich früher bei Parschnitz eintreffen wird, als die 1. Infanterie=Division und daher zunächst Maßregeln für ihre eigene Sicherheit wird treffen müssen. Ferner zeigt der Angriff des Zuges Windischgrätz = Dragoner auf die Tete der 1. Infanterie=Division, daß sich auf jener Straße feindliche Kavallerie befindet und daß die diesseitige Division beim Heraustreten aus dem Parschnitzer Defilee eine stärkere Patrouille zur Aufsuchung der Verbindung mit der 1. Infanterie=Division entsenden muß. Endlich ist, wenn sich ein Gebirgszug zwischen den Marschlinien zweier Kolonnen lagert, nie mit Sicherheit darauf zu rechnen, daß ein Gefecht, welches sich in dem einen Thale entspinnt, auch in dem anderen gehört wird. (Vergl. 3. und 5. Division im Gefecht von Jicin.)

Besteht aber eine Kommunikation, so kann eine Detachirung der nicht im Gefecht befindlichen Kolonne über das Gebirge hinüber der anderen Kolonne von großem Nutzen sein, namentlich, wenn sie in den Rücken des Feindes geführt wird.

Sicherheits-Maßregeln beim Marsch.

Ein sorgfältiges Absuchen des Terrains, wie man es so häufig findet und wie solches aus den kleineren Friedens-Uebungen in die Verhältnisse des großen Krieges hinüber genommen wird, ist hier nicht statthaft. Die Division würde alsdann den ganzen Tag gebrauchen, um nur bis Parschnitz zu gelangen. Es ist aber gar nicht denkbar, daß sich in diesem Neben-Terrain eine Truppenmasse verberge, die einer ganzen Division gefährlich werden könnte, und wollte eine kleinere Abtheilung dies wagen, so wäre deren Existenz bedroht.

Es ist ferner nicht angänglich, Infanterie-Abtheilungen als Flanken-Deckung über die Berge fort den Marsch der Kolonne kotoyiren zu lassen. Diese würden, selbst wenn sie gleichzeitig mit der Avantgarde anträten, doch bald bergauf und absteigend, ohne Wege, weit zurückbleiben. Eine derartige Flanken-Sicherung kann, wenn die Thal-Ränder nicht außerordentlich günstig gestaltet sind, nur, sobald sich Parallel-Thäler vorfinden, durch den Marsch abgezweigter Kolonnen in denselben ausgeführt werden. Ist dies nicht der Fall und münden Quer-Thäler, aus denen der Feind vorbringen könnte, in die eingeschlagene Straße, so sind auf diesen Abtheilungen zur Sicherung vorzuschieben, welche sich event. der Queue der Marsch-Kolonne wieder anschließen.

Rendez-vous bei Parschnitz.
(Siehe Anlage IV.)

Die Infanterie der Avantgarde erreichte, wie bereits erwähnt, mit ihrer Tete die vor Parschnitz befindliche Aupa-Brücke um 6 Uhr 30 Minuten früh. Der Divisions-Kommandeur begab sich von dort auf die nördlich gelegenen Wiesen, um eine bessere Uebersicht über das Terrain zu gewinnen.

Die Gegend trug hier einen völlig veränderten Charakter. War man auf der letzten Meile fortwährend in einem engen Gebirgsthale mit meistens steilen, oft aus Felsen gebildeten Rändern marschirt, so öffnete sich nicht allein das Thal jetzt zu einem größeren Kessel, sondern auch die denselben umgebenden Höhen stiegen in sanfter Böschung zu minder bedeutenden Kuppen auf. Nur an wenigen vereinzelten Stellen setzten sie sich auch steiler vom Thale ab.

Auf circa 3500 Schritt vom Ausgang des Defilees, wo man deutlich die Vereinigung der sich weiß markirenden Straßen von Schömberg und Liebau bemerken konnte, schienen die Ränder des Kessels sich wiederum defileeartig zu verengen, hinter der dadurch gebildeten Oeffnung erblickte man auf weite Entfernung blaue Berg-Konturen, die sich jedoch nur zur halben Höhe der jenes Defilee bildenden Thalränder erhoben, was auf ebeneres Terrain hinter demselben schließen ließ. Bis zu dem Defilee zog sich am Fuße des linker Hand gelegenen Thalrandes das langgestreckte Parschnitz hin, in dessen Gärten mehrere größere Gebäude von Stein, sowie einige Fabrik-Schornsteine sichtbar waren. Südlich des Dorfes stiegen die Berge verhältnißmäßig nur allmälig auf, jedoch legte sich einem etwaigen Marsche über dieselben auf circa eine Viertelmeile ein höherer dicht mit Wald bestandener Rücken vor, der die Fernsicht hier begrenzte. Seine Endpunkte fielen gegen den westlichen Ausgang von Parschnitz, wie in das Thal von Raußnitz steil ab. Letzteres, welches weithin einzusehen war, trug den defileeartigen Charakter des bisher durchzogenen Terrains.

Wandte man den Blick weiter nach rechts, so bemerkte man dort, wo die Liebauer Chaussee über eine Berg-Nase in das Thal sich senkte, das Dorf Wolta, welches sich zu beiden Seiten einer Schlucht auf die Berge hinaufzog. Die von diesem Dorfe an die Chaussee begleitenden Höhen zeigten mehrere waldbedeckte Kuppen, deren Erhebung jedoch um so weniger bedeutend erschien, als sich über sie, wenn auch in größerer Entfernung, die gewaltigen Massen des Riesengebirges mit der Schneekoppe in beträchtlicher Höhe vom Horizont absetzten.

Es war dem Divisions-Kommandeur auf den ersten Blick klar, daß das befohlene Rendez-vous bei Parschnitz nicht ohne besondere Sicherheits-Maßregeln abgehalten werden konnte.

Zwar war über Wolta her Nichts zu befürchten, da sich die Einwirkung des Marsches der 1. Infanterie-Division und ihres über Schatzlar dirigirten rechten Seiten-Detachements in dem dortigen Terrain sehr bald fühlbar machen mußte. Jedenfalls aber hatte man in der Richtung auf Trautenau das westlich Parschnitz gelegene Defilee bis zum Eintreffen des zur Avantgarde des Armee-Korps bestimmten Theiles der 1. Infanterie-Division zu besetzen und besonders Rücksicht auf das südlich von Parschnitz befindliche Höhen-Terrain, sowie auf das Thal von Raußnitz zu nehmen. Konnte man auf dem bisher zurückgelegten Wege den Feind nur von vorne erwarten, so änderte sich das beim Austritt aus dem Gebirge wesentlich. Denn befanden sich überhaupt größere Massen des Feindes in der Nähe, so konnten diese nur aus der Richtung von Königinhof auf Trautenau, oder von Josephstadt über Eypel auf Raußnitz, sowie in dem dazwischenliegenden Terrain — mithin in der linken Flanke des diesseitigen Weitermarsches — auftreten.

Einen Augenblick war General-Lieutenant A. zweifelhaft, ob es nicht bei dem Ausbleiben der 1. Infanterie-Division besser sei, wenn er bis Trautenau weiter marschire und sich in den Besitz des dortigen Straßen-Knotens, wie des Aupa-Ueberganges setzte. Allein nach dem Schlußpassus der Korps-Disposition kam es dem kommandirenden General zunächst darauf an, daß das Armee-Korps sich auf dem linken Aupa-Ufer konzentrirte, und mußte er daher von dieser Idee Abstand nehmen.

Die Truppen waren indessen auf der großen Straße im Marsch geblieben. General-Lieutenant A. ließ an die 1. Kavallerie-Brigade den Befehl ausfertigen, daß sie, sobald Albendorf von ihr passirt sei, der 1. Garde-Infanterie-Division hiervon Meldung schicken solle*), und begab sich alsdann zum General-Major B., welchen er um 6 Uhr 50 Minuten an der nördlichen Lisiere von Parschnitz, wo der von Wolta kommende Weg einmündet, traf.

Auch dieser General hatte den veränderten Terrain-Verhältnissen von seinem Standpunkte aus bereits Rechnung getragen.

Gleich nach dem Ueberschreiten der Aupa-Brücke hatte er den Kommandeur der Vorhut angewiesen:

„Detachiren Sie zur Deckung gegen Eypel eine Kompagnie und einen halben Zug Husaren nach dem im Rauß-

---

Vor Parschnitz den 27. 6. 66.
6 Uhr 45 M. früh.

„Die Brigade hat, sobald Albendorf von ihr passirt ist, der über Adersbach und Qualisch im Anmarsch befindlichen 1. Garde-Infanterie-Division zu melden, daß die Straße für dieselbe frei sei."

An
die 1. Kavallerie-Brigade.

J. A.
X.
Major und Generalstabs-Offizier der 2. Division.

nitz-Thale befindlichen südlichen Ausgange von Parschnitz. Die Husaren haben das Thal bis über Raußnitz hinaus aufzuklären. Beim Eintreffen der 1. Garde-Infanterie-Division kehrt das Detachement zur Division zurück.

„Senden Sie ferner 1 Offizier mit ½ Zug Husaren auf die Liebauer Chaussee, um Nachricht von der 1. Infanterie-Division einzuholen. Dem Offizier ist mitzutheilen, daß noch vor Kurzem sich feindliche Kavallerie auf der Chaussee befunden habe."

Nach beiden Richtungen hin waren bereits kleinere Kavallerie-Patrouillen, jedoch nur auf geringe Entfernung entsandt worden; der 2. Zug der 4. Eskadron klärte das Höhen-Terrain südlich Parschnitz auf.

Der Kommandeur der Vorhut bestimmte die 11. Kompagnie seines Bataillons (Füs.-Bat. Regts. Nr. 1) in das Thal von Raußnitz und entnahm die erforderlichen Kavallerie-Kommandos von der ihm unterstellten 4. Eskadron, speziell vom 3. Zuge, welcher auch die bereits früher abgezweigten und noch nicht wieder eingetroffenen Patrouillen bestritten hatte. Die noch verbleibenden 2 Züge (4. und 1.) gingen außerhalb der nördlichen Lisiere des Dorfes und nur mit einigen Pferden auf der Dorfstraße vor, während die anderen Abtheilungen der Vorhut letztere inne hielten.

General-Major B. hatte sich demnächst zum Obersten D. gewandt:

„Die Division wird hier ruhen. Zu ihrer Deckung schicken sie ein Bataillon auf die Höhe südlich von Parschnitz. Der bereits dort befindliche Husaren-Zug tritt unter den Befehl des Bataillons-Kommandeurs."

Oberst D. beorderte das an der Tete des Gros der Avantgarde befindliche 2. Bataillon auf einem der aus Parschnitz südlich abbiegenden Wege die Höhen zu ersteigen und durch eine Aufstellung gegen den bewaldeten Höhenrücken, sowie Vortreibung der Kavallerie-Patrouillen, die Deckung zu übernehmen.

Schließlich schickte General-Major B. noch dem Batterie-Chef Befehl, seine Batterie bei der Vorhut zu vereinigen, sowie dem an der Queue befindlichen Husaren-Regiment die Weisung, nicht auf der Dorfstraße, sondern nördlich von Parschnitz vorzutraben und den westlich des Ortes gegen Trautenau entsandten beiden Zügen der 4. Eskadron zu folgen.

Mit Ausnahme der letzteren Anordnung, waren die Befehle theils ausgeführt, theils in Ausführung begriffen, als der **Divisions-Kommandeur beim General-Major B.** eintraf und von ihm die Meldung empfing:

„Ich habe 1 Kompagnie und ½ Zug Husaren im Raußnitzer Thale vorgeschoben, welche angewiesen sind, bis zum Eintreffen der 1. Garde-Infanterie-Division die Deckung gegen Eypel zu übernehmen.

„Ferner ist ein Bataillon und ein Zug Husaren auf die Höhe südlich von Parschnitz zur Deckung des Rendez-vous der Division detachirt und ½ Zug Husaren auf der Liebauer Chaussee zur 1. Infanterie-Division entsandt worden."

General-Lieutenant A. erklärte sich mit den vorläufigen Anordnungen einverstanden, fügte jedoch hinzu:

„Der kommandirende General beabsichtigt, nachdem wir hier geruht haben werden, mit dem vereinigten Armee-Korps über Trautenau hinaus in der Richtung auf Arnau weiter vorzugehen.

„Die Division muß alsdann die Flankendeckung auf dem rechten Aupa-Ufer geben; wir können die Truppen gleich dem entsprechend ordnen.

„Lassen Sie Oberst D. mit den beiden noch im Thale befindlichen Bataillonen der Avantgarde, der 1. leichten Batterie und 1 Eskadron das westlich von Parschnitz gelegene Straßendefilee besetzen und gegen Trautenau aufklären.

„Mit dem übrigen Theile Ihrer Truppen übernehmen Sie persönlich die Deckung auf den Höhen südlich von Parschnitz. Ich werde Ihnen das andere Regiment Ihrer Brigade, sowie eine Batterie nachsenden."

Der Brigade-Kommandeur ertheilte dem Obersten D. die darauf bezüglichen Weisungen. Dieser erhielt hierdurch zu seiner Disposition:

3 Kompagnien des Füsilier-Bataillons und das 1. Bataillon seines Regiments,
2 Züge der 4. Eskadron, sowie die 1. leichte Batterie.

Die unter ihrem Regiments-Kommandeur vereinigten 2³/₄ Eskadrons, die Pionier-Kompagnie und die Sektion des Sanitäts-Detachements wurden vom General-Major B. auf einem der aus dem Dorfe südlich abgehenden Wege zu dem 2. Bataillon Regiments Nr. 1 (Kuppe 290) dirigirt, während der schon früher dorthin entsandte 2. Zug der 4. Eskadron gegen die Mitte des bewaldeten Höhenzuges vorgegangen war.

Diese Anordnungen wurden um 7 Uhr getroffen. Die auf der großen Straße an der Tete befindliche 12. Kompagnie Regiments Nr. 1 hatte zur Zeit den westlichen Ausgang von Parschnitz erreicht, die vor ihr befindlichen beiden Züge der 4. Eskadron das auf 700 Schritt davon gelegene kurze Defilee bereits durchschritten. Die ersten Abtheilungen des Gros der Division, welche sich dem Ausgange des Schömberger Defilees näherten, waren daselbst deutlich sichtbar.

General-Lieutenant A. mußte dem Gros noch die entsprechenden Ordres geben und den eintreffenden Truppen die zum Ruhen bestimmten Plätze anweisen. Er beauftragte daher seinen Generalstabs-Offizier:

„Reiten Sie bis an die Brücke über die Aupa zurück und dirigiren Sie das Infanterie-Regiment Nr. 2 auf die Höhen südlich von Parschnitz, woselbst es unter den Befehl seines Brigade-Kommandeurs tritt. Von der Artillerie soll sich die Teten-Batterie dem Regiment anschließen.

„Die übrigen Abtheilungen dirigiren Sie nördlich Parschnitz auf die Rendez-vous-Plätze und zwar:

„die 4. Infanterie-Brigade westlich des Weges Wolta-Parschnitz,

„die Artillerie und die Kavallerie-Brigade östlich desselben, erstere auf dem rechten Flügel, dahinter der Brücken-Train und das Lazareth."

Der Generalstabs-Offizier gelangte um 7 Uhr 8 Minuten noch rechtzeitig an die Brücke, als die Tete des Regiments Nr. 2 dieselbe betrat. Das Regiment bog sofort links ab.

Um 7 Uhr 20 Minuten traf die Artillerie-Abtheilung an dieser Stelle ein, die an der Tete befindliche 2. leichte Batterie folgte dem Regiment Nr. 2, die beiden schweren Batterien blieben außerhalb des Dorfes und erhielten die Direktion auf die von Wolta über die Liebauer Chaussee vorspringende Bergnase, woselbst sie, Front gegen Westen, batterieweise hintereinander auffuhren.

Um 7 Uhr 35 Minuten debouchirte die Tete der 4. Infanterie-Brigade; sie erreichte um 7 Uhr 55 Minuten den westlich vom Wolta-Parschnitz-Wege befindlichen Verbindungsweg der beiden großen Straßen. Der rechte Flügel — das 1. Bat. Regts. Nr. 3 — kam 100 Schritt von der Liebauer Chaussee zu stehen, die übrigen Bataillone des Regiments marschirten links davon in Rendez-vous-Formation (nach der Mitte in Kolonne) auf. Jedes einzelne Bataillon setzte sofort nach seinem Eintreffen die Gewehre zusammen, legte die Tornister ab und trat, da sonst bei der Beschränktheit des Platzes der Raum für die hinteren Abtheilungen gefehlt hätte, nach vorwärts aus.

Das Regiment Nr. 4 setzte sich ins zweite Treffen; es war um 8 Uhr 15 Minuten, die Kavallerie-Brigade um 8 Uhr 35 Minuten auf den angewiesenen Plätzen aufmarschirt. Letztere formirte sich in Regiments-Kolonne in Eskadrons, die Regimenter nebeneinander, die Batterie hinter denselben in Linie. (Siehe Anlage IV.)

Inzwischen war bereits um 7 Uhr 18 Minuten bei dem Divisions-Kommandeur von dem auf der Trautenauer Straße vorbefindlichen Oberst D. die Meldung eingegangen:

„Die bei Trautenau über die Aupa führende Brücke ist verbarrikadirt und vom Feinde besetzt. Die dagegen vorgegangenen Husaren haben Feuer erhalten."

Er bekam zur Antwort:

„Das Detachement hat den Feind im Auge zu behalten, sonst aber sich auf die Besetzung der im Defilee westlich Parschnitz gelegenen Gehöfte zu beschränken."

Ferner war auch die zur 1. Infanterie-Division entsandte Patrouille um 8 Uhr 20 Minuten wieder eingetroffen. Ihr Offizier meldete:

„Ich habe die Division nördlich Golden-Oels getroffen, woselbst die Zerstörung einer größeren Brücke ihren Marsch aufhält. Se. Excellenz der kommandirende General, bei welchem ich mich gemeldet, hat in Folge dessen die Division daselbst ruhen lassen; sie wird jedoch um 8½ Uhr den Marsch wieder antreten."

„Von feindlicher Kavallerie war nichts zu sehen, doch sollen nach Aussage eines Einwohners von Golden=Oels circa 30—50 österreichische Dragoner, welche in der Richtung von Bernsdorf kamen, kurz vor 7 Uhr bei Gubersdorf in ziemlicher Eile sich nach Westen hin in das Gebirge begeben haben."

Die Patrouille wurde hierauf angewiesen, zu ihrer westlich von Parschnitz befindlichen Eskadron zu stoßen.

Das Einrücken der Truppen hatte inzwischen von dem größten Theil der Kolonne unter den Augen des General=Lieutenans A. stattgefunden, wobei demselben einzelne Unregelmäßigkeiten auffielen. So waren bei einem Regiment die Achselklappen zugeknöpft, statt aufgerollt zu sein, bei einzelnen Bataillonen, in Folge der schon jetzt sehr beträchtlichen Hitze, die Halsbinden abgenommen worden, während in anderen einzelne Mannschaften sich dies erlaubt hatten. — Die von den Regimentern der 4. Infanterie=Brigade mitgenommenen Patronen=Wagen, marschirten mit den schweren Batterien und bei der Kavallerie hatten die Handpferde meistens das Aussehen von Packpferden.

Alle diese Unregelmäßigkeiten wurden auf der Stelle monirt und mußte ein Divisions=Adjutant sie notiren, um späterhin durch Parole=Befehl die ganze Division darauf hinzuweisen.

Inzwischen hatte General=Lieutenant A. noch erinnert, daß einzelne Leute das Dorf nicht betreten dürften, sondern die zum Wasserholen entsandten Mannschaften, gesammelt von Offizieren, dorthin geführt werden sollten. Die 4. Infanterie=Brigade stellte die zur Ueberwachung dieses Befehls erforderlichen Posten, sowie eine Flankenwache an den Schnittpunkt des Woltaer Weges mit der Liebauer Chaussee. Das Betreten der Letzteren wurde untersagt.

Der Divisions=Kommandeur begab sich hierauf zum Detachement des Obersten D., um von dort aus das Vorterrain für einen eventuellen Weitermarsch zu rekognosziren.

Es dürfte von Interesse sein, die Anordnungen der einzelnen betachirten Abtheilungen inzwischen näher ins Auge zu fassen.

Oberst D. hatte mit der an der Tete befindlichen 12. Kompagnie die westliche Lisiere der im Defilee 1000 Schritt vor Trautenau befindliche Häusergruppe um 7 Uhr 10 Minuten erreicht und dieselbe besetzt. Die gegen Trautenau bereits vorgegangenen beiden Husaren=Züge fanden die dortige Aupa=Brücke verbarrikadirt und

hatten Feuer erhalten. Die betreffende Meldung wurde, wie bereits erwähnt, an den Divisions-Kommandeur gesandt. Da man von den Gehöften aus das Terrain bis zur Brücke zu übersehen vermochte, wurden die Husaren bis hinter dieselben zurückgenommen.
Oberst D. detachirte nunmehr die 10. Kompagnie 1000 Schritt rechts auf die nördlich gelegene Höhe mit 1/2 Zug Husaren, der gegen Hummelhof zu patrouilliren hatte, während die 9. Kompagnie hinter den Gehöften in Reserve blieb. Das 1. Bataillon, die Batterie, sowie die noch verbliebenen 1 1/2 Züge Husaren ruhten an der Westlisiere bei Parschnitz; 1/2 Infanterie-Zug durchwatete die Aupa und postirte sich als linke Flankendeckung an der südwestlichen Spitze des dort steil abfallenden bewaldeten Bergrückens.

Der steile Thalrand ließ die Verwendung von Kavallerie nicht angänglich erscheinen. Die in erster Linie befindlichen beiden Kompagnien behielten je einen Zug unter dem Gewehr und ruhten unter dem Schutz desselben, ohne jedoch die Tornister abzulegen.

General-Major B. hatte sich um 7 Uhr von der nördlichen Lisiere von Parschnitz nach der mittelsten Kuppe des südlich gelegenen bewaldeten Bergrückens begeben (504) und war 6 Minuten später dort eingetroffen; das 2. Bat. Rgts. Nr. 1 hielt an der unbewaldeten Kuppe (290), der Zug der 4. Eskadron klärte den Wald auf und meldete dem General, daß jenseits des Waldes Nichts vom Feinde zu bemerken sei. Auf die Frage, welche Breite der Wald habe, wurde dieselbe auf circa 400 Schritt angegeben. Der Berghang hatte von weitem steiler ausgesehen, als es sich beim Hinaufreiten ergab. Allerdings war der letzte Theil des Hanges schwieriger zu ersteigen, aber er war selbst noch für Artillerie passirbar, nur durfte man sich nicht zu weit den nach der Aupa abfallenden Flügeln des Bergrückens nähern, welche doch so steil erschienen, daß Infanterie nur in aufgelöster Ordnung herauf zu kommen vermocht hätte.

Der Brigade-Kommandeur begab sich an die jenseitige Lisiere, um das Terrain sowohl in Bezug auf die anzuordnenden Sicherheits-Maßregeln, als auch in Rücksicht auf den Weitermarsch zu rekognosziren.

Der bewaldete Bergrücken setzte sich durch eine Schluchtlinie, welche sich von Raußnitz bis zu den Gehöften an der Liebauer Straße erstreckte, von dem weiter vorliegenden Höhen-Terrain in sehr markirter Weise ab. Die Verbindung mit diesem Höhen-Terrain befand sich circa 500 Schritt südwestlich vom Standpunkt des Generals (Kuppe 504); von dort fiel die Schluchtlinie mit steilem Falle nach beiden Richtungen zur Aupa ab. Jenseits des die Verbindung bildenden Sattels erhob sich ein neuer Bergrücken, welcher sich in westlicher Richtung nach dem Südende von Kriblitz zog und zwei den diesseitigen Standpunkt überhöhende Kuppen trug (531 und 554). In südwestlicher Richtung blieb hierdurch die Aussicht auf circa 1000 Schritt beschränkt. Dagegen war das sowohl gegen Westen wie gegen Süden gelegene Terrain bedeutend niedriger und gestattete auf circa 3000 Schritt hin einen Ueberblick zu gewinnen. Nach ersterer Richtung war die tief eingeschnittene Kriblitzer Schlucht, hinter welcher sich die Gruppe des Hopfen- und Galgen-Berges zeigte, sowie ein Theil von Trautenau deutlich erkennbar. Das Terrain machte bis zu jener Schlucht den Eindruck eines ziemlich ebenen, nach der Aupa zu geneigten Hanges, der sich mit einem steilen Rande vom Thale absetzte. Nach südlicher Richtung dagegen schien das Terrain zwar auch im Allgemeinen zu fallen, indeß durch eine Menge kleiner Kuppen und Waldparzellen einen sehr hügeligen und bedeckten Charakter zu tragen. Eine größere Anzahl von Gehöften (Ausbau des südlichen Theils von Alt-Rognitz, wie von Rudersdorf) markirten sich gegen die den Horizont begrenzenden und ineinander verschwindenden Wellenlinien des Terrains.

In diesem südlichen Abschnitt waren keine Kommunikationen sichtbar, dagegen führte der große Verbindungsweg von Raußnitz nach Trautenau über den vorliegenden Sattel in den westlichen Abschnitt auf Kriblitz.

Unter diesen Verhältnissen genügte die Aufstellug eines kleinen Detachements an dem augenblicklichen Standpunkte des Generals. Ein Posten auf die jenseits des Sattels liegende Höhe vorgeschoben, mußte die Annäherung größerer Truppen-Massen früh genug entdecken, um mit den Hauptkräften den Südrand des Waldes noch rechtzeitig besetzen zu können.

Nicht so günstig war das Terrain, um bei einem Weitermarsche die Flankendeckung des Armee-Korps in demselben auszuführen. Es schien für diesen Zweck, da das Armee-Korps von Trautenau aus die Straße auf Arnau verfolgen mußte, nur die Richtung auf Hohenbruck angänglich, und da wäre der Marsch mit der die Flanten-Deckung bildenden Kolonne querfeldein doch auf bedeutende Schwierigkeiten gestoßen. Es blieb daher kaum etwas anderes übrig, als mit dem größeren Theil der Truppen, namentlich der Artillerie, den von Raußnitz auf Kriblitz führenden Weg zu benutzen und dann zu sehen, ob sich von letzterem Dorfe nicht ein Verbindungsweg auf Hohenbruck fände. Dies konnte durch eine Rekognoszirung sofort festgestellt werden. Allerdings mußte auch dann ein Theil der Kavallerie den Marsch kotoyiren und die direkte Richtung auf Hohenbruck einhalten.

Es ist noch zu bemerken, daß der 2. Zug der 4. Eskadron sich gegen die östlich von Kriblitz belegene Höhe bereits in Bewegung befand.

General-Major B. schickte nach gewonnener Orientirung seinen Adjutanten zurück, um das 2. Bataillon Regiments Nr. 1, sowie noch einen Zug Husaren vorzuholen, die übrigen Abtheilungen aber anzuweisen, bis an die Nordlisiere des bewaldeten Höhenrückens heranzurücken und daselbst zu ruhen.

Das 2. Bataillon traf um 7 Uhr 30 Minuten bei dem General ein. Die 5. Kompagnie wurde in die Gablung des Raußnitzer Weges postirt und schob eine Feldwache an die jenseitige Höhe vor; der Rest des Bataillons setzte die Gewehre hinter Kuppe 504 zusammen. Der von der 3. Eskadron herbeigeholte Zug wurde zur Aufklärung in das Terrain zwischen Alt-Rognitz und Raußnitz vorgeschoben; dieser Zug, sowie der 2. Zug der 4. Eskadron wurden gleichzeitig angewiesen, die auf Hohenbruck führenden Wege zu rekognosziren.

Der General-Major B. begab sich demnächst zum Gros seines Detachements, dessen letzte Abtheilung um 7 Uhr 40 Minuten auf dem befohlenen Rendez-vous eintraf. Es befanden sich hier:

das Infanterie-Regiment Nr. 2,
2½ Eskadrons Husaren,
die 2. leichte Batterie,
1 Kompagnie Pioniere,
1 Sektion des Sanitäts-Detachements.

Die dritte von der Division augenblicklich detachirte Abtheilung war die 11. Kompagnie des Infanterie-Regiments Nr. 1 und ein halber Zug Husaren in dem nach Raußnitz führenden Thale der Aupa. Die Kompagnie etablirte sich im Garten des südlichsten Gehöftes und schickte einen halben Zug 600 Schritt als Feldwache vor. Diese stellte außer dem Posten vor dem Gewehr einen Doppelposten auf die Chaussee und einen zweiten auf den rechten Thalhang, von wo aus das Thal selbst in größerer Entfernung zu übersehen war, später auch die Verbindung mit dem Infanterie-Regiment Nr. 2. erhalten werden konnte. Der Husaren-Halbzug ging, mit Ausnahme zweier Pferde zum Ordonnanzdienst, gegen Raußnitz vor.

Dies war die Situation, in welcher sich das Gros und die detachirten Abtheilungen der Division befanden, als sich der Divisions-Kommandeur, wie bereits erwähnt, um 8 Uhr 35 Minuten auf der Trautenauer Straße vorbegab. In dem Augenblick, als er am westlichen Ausgang von Parschnitz anlangte (8 Uhr 40 Minuten) erreichte ihn ein vom General-Major B. abgesandter Husaren-Offizier mit der Meldung:

„Eine starke feindliche Kolonne aller Waffen ist auf der Chaussee von Königinhof im Anmarsch auf Trautenau. Ihre Tete befand sich um 8 Uhr 10 Minuten circa 1500 Schritt südlich Hohenbruck."

Bemerkungen zum Rendez-vous bei Parschnitz.

Aufmarsch der Division.

Uebersieht man das Eintreffen der Division auf dem Rendez-vous nochmals im Zusammenhange, so ergiebt sich:

Um 6 Uhr 30 Minuten erreicht die Tete der Avantgarden-Infanterie die Aupa-Brücke und betritt das zum Ruhen bestimmte Terrain, sie muß aber noch bis

7 Uhr 10 Minuten, also 40 Minuten marschiren, um den Platz, welchen die Division zum Rendez-vous brauchte, zu überschreiten und so weit vorwärts Terrain zu gewinnen, daß sie derselben als Deckung dienen kann.

7 Uhr 30 Minuten haben die zur Flanken-Sicherung aus der Marsch-Kolonne herausgeworfenen Abtheilungen die ihnen angewiesenen Plätze erreicht.

8 Uhr 35 Minuten trifft die letzte Abtheilung der gesammten Kolonne ein.

Die Kolonne hat mithin zu ihrem Aufmarsch die Zeit von 7 Uhr 10 Minuten bis 8 Uhr 35 Minuten, oder eine Stunde und 25 Minuten gebraucht. Rechnet man die Kavallerie-Brigade, welche nur ausnahmsweise hier eingetheilt ist, ab, so ergiebt sich für den

Aufmarsch der Division*) noch immer 1 Stunde und 2 Minuten. Hierbei ist jedoch maßgebend, daß Avantgarde und Gros einen gewissen Abstand beibehalten haben und das Gros mithin nicht in der Höhe der Avantgarde, sondern früher aufmarschirt ist.

Erfolgt indeß der Aufmarsch der Kolonne an der Stelle, an welcher die Tete Halt macht, so ändern sich diese Zahlen wesentlich.

Alsdann beträgt:
bei einer Länge der Kolonne incl. Kavallerie-Brigade, aber ohne Truppen-Fahrzeuge, von 13,298 Schritt, die Aufmarschzeit 2 Stunden 10 Minuten;
beim Folgen der Fahrzeuge (18,240 Schritt): circa 3 Stunden;
von einer Infanterie-Division (also ohne Kavallerie-Brigade):
bei formirter Avantgarde (in der Höhe derselben:
ohne Fahrzeuge (circa 11,000 Schritt): 1 Stunde 50 Minuten,
mit Fahrzeugen (circa 15,000 Schritt): 2 Stunden 30 Minuten;
ohne formirte Avantgarde (die Truppen in ununterbrochener Reihenfolge):
ohne Fahrzeuge (circa 8,500 Schritt): 1 Stunde 25 Minuten,
mit Fahrzeugen (circa 12,600 Schritt): 2 Stunden 6 Minuten.

Aus dieser Uebersicht erhellt, wie viel Zeit der Aufmarsch größerer Truppenkörper überhaupt kostet. Jeder Aufmarsch ist daher zu vermeiden, wenn er nicht durchaus geboten ist.

Um einige Zeit zu ruhen, bedarf man nur des gleichzeitigen Haltes in der Marsch-Kolonne, jeder successive Aufmarsch ist aber eine Bereitschaft. Diese ist erforderlich nicht schon durch die Möglichkeit, sondern durch die Nothwendigkeit eines Gefechts, mithin erst, wenn die Avantgarde beim Vormarsch Widerstand findet. Wo also im Allgemeinen der Aufmarsch stattzufinden hat, hängt zumeist vom Feinde ab, und schon deshalb ist es nicht angemessen, ihn im Voraus

---

*) Der Abstand des Trains von der Queue der Truppen ist in allen diesen Fällen auf ¼ Meile angenommen.

bestimmen zu wollen; er ist sodann abhängig vom Terrain und den eigenen Absichten.

Das Terrain muß ihn überhaupt ermöglichen und es giebt den Abschnitt, hinter welchem man sich schlagen, oder das Gefechtsfeld, über welches man angreifen will.

In letzterem Fall darf der Aufmarsch nicht zu früh erfolgen, da das Vorgehen in entwickelter Front die Truppen außerordentlich ermüdet und Zeit kostet. Hat die Avantgarde einen einigermaßen haltbaren Abschnitt erreicht, so wird man am vortheilhaftesten bis an diesen in Marsch-Kolonnen verbleiben. Will man hingegen, wenn möglich, ohne Gefecht ein Marschziel erreichen, so wird man nur aufmarschiren, wenn man dazu gezwungen ist.

Im vorliegenden Falle hatte das General-Kommando ein allgemeines Rendez-vous an der Aupa befohlen. Als die 2. Infanterie-Division bei Parschnitz anlangte, war die 1. Infanterie-Division, welche die Avantgarde zu geben hatte, noch nicht eingetroffen. Da man doch nicht weiter konnte, so entstand durch den Aufmarsch der Division ebenso wenig für die Gesammtheit ein Zeitverlust, wie für die einzelnen Truppentheile.

Dazu kam, daß man beim Austritt aus dem Gebirge den Feind erwarten durfte und daß es immer gut war, zum Gefecht bereit zu sein, wenn dies ohne Opfer von Zeit geschehen konnte, hier aber um so mehr, als der einfache Halt auf der engen Gebirgsstraße nicht zweckmäßig gewesen wäre.

Sicherung des Rendez-vous der Division.

Natürlich muß sich eine Truppe in der Nähe des Feindes wie auf dem Marsche, so auch, wenn sie auf dem Rendez-vous zusammengezogen ist, sichern. Im ebenen und übersichtlichen Terrain wird die Avantgarde dies allein übernehmen und mit sehr geringen Kräften dabei ausreichen. Je schwieriger aber das Terrain und die allgemeinen Verhältnisse werden, desto sorgfältiger muß jedoch diese Sicherung geschehen. In der Wirklichkeit wird dabei in der Regel zu wenig oder zu viel gethan. Das „zu wenig" geht tausendmal ungestraft vorüber, aber wenn es einmal geschieht, daß die Truppen dabei überfallen werden, so leidet ihr und des Führers Ruf auf lange Zeiten. In Folge dessen wird häufig in das entgegengesetzte Extrem verfallen, und das geschieht dann wiederum auf Kosten der Truppen.

Man darf nie vergessen, daß, wenn man ihnen Ruhe geben will, diese auch so weit als irgend angänglich gewährt werden muß.

Namentlich wird dabei mit der Kavallerie in der Theorie und auch in der Wirklichkeit Mißbrauch getrieben. Da sieht man in solchen Momenten, wo wenige Patrouillen genügen, häufig ganze Regimenter vorgeschickt und wenn die anderen Waffen ruhen, die gesammte Kavallerie fortwährend auf den Beinen. Man vergißt, daß der Mensch sich allenfalls noch mit guten Worten abspeisen läßt und noch so ermüdet, durch Ambition zu neuer Thätigkeit erhoben werden kann, daß aber das Pferd damit nicht weiter zu treiben ist; es will fressen, saufen und rasten. Freilich kann man einem Pferde, welches gut gefüttert und dabei doch in Athem gehalten in die Kampagne geht, außerordentlich viel bieten, aber in der Regel fehlen diese Vorbedingungen, und selbst, wenn sie vorhanden, darf man die Kräfte der Thiere doch nicht unnütz vergeuden.

In den meisten Fällen reichen die kleinsten Patrouillen aus. Sichere Reiter auf guten Pferden können sich bei gehöriger Dreistigkeit sehr viel erlauben, namentlich wenn die feindliche Kavallerie nicht auf dem Platze ist.

Je weniger übersichtlich aber das Terrain ist, desto zahlreichere Kavallerie-Patrouillen müssen vorgeschickt werden; diese bedürfen alsdann eines Soutiens ihrer Waffe. Aus diesem Grunde entsendet hier die Flanken-Deckung des General-Majors B. in westlicher, wie südwestlicher Richtung je einen ganzen Zug.

Sind jedoch stärkere Abtheilungen des Feindes in der Nähe und ist dessen Kavallerie zur Stelle, so wird sie den diesseitigen Patrouillen keine Einsicht gestatten. Will man in solchen Momenten also sich über seinen Gegner orientiren, so kann nicht genug Kavallerie vorgenommen werden und wäre in solchen Fällen ihre Schonung ein Fehler. Alsdann wird man häufig erst fechten müssen, um „sehen" zu können. Unsere Erfahrungen aus dem Feldzuge von 1870—71 sind in dieser Beziehung nicht maßgebend, da die französische Kavallerie ihr nicht entgegentrat.

Nach obigen Gesichtspunkten dürfte die Vorsendung der Kavallerie zu regeln sein; es muß dabei festgehalten werden, daß dieser Waffe unter allen Umständen auf weite Entfernung bereits die Ueberwachung und Aufklärung des Gegners obliegt. Doch ist es Sache der Führung, diese Aufgabe mit gehöriger Oekonomie der Kräfte zu lösen, denn wer seine Kavallerie schon vor dem ersten Gefecht herunter bringt, kann in und nach demselben allerdings nichts mehr von ihr erwarten.

Was nun die Sicherungs-Maßregeln speziell anbetrifft, so zeigt sich hier, wie nach der Stärke der zu deckenden Abtheilung sich diese und ihre Sphäre ausdehnen. Eine Avantgarde kann noch durch eine gewisse Breite die Front ihrer Division decken, aber sie reicht in den seltensten Fällen aus, um dies auch für die Flanken einer isolirt marschirenden oder ruhenden Division zu erreichen, alsdann muß diese durch neue Abtheilungen selbst dafür sorgen.

So deckte sich die Vorhut der Avantgarde durch einen auf die Höhe südlich von Parschnitz entsandten Husarenzug, die gesammte Avantgarde durch ein Bataillon und diesen Zug, die Division durch 4 Bataillone, 3 Eskadrons und 1 Batterie. Je stärker aber die zur Deckung bestimmte Truppenzahl ist, desto weiter kann sie vorgeschoben und desto größer auch ihre Aufklärungs- und Sicherungs-Sphäre werden. So vermochte das von der Avantgarde detachirte eine Bataillon nur gegen den bewaldeten Bergrücken zu sichern, das demselben folgende größere Detachement befähigte die Flankendeckung aber, weit über denselben hinaus zu greifen.

Kann indessen der Feind aus einer Richtung nur durch ein Defilee sich nähern, so genügen je nach der Beschaffenheit des Defilees verhältnißmäßig geringe Kräfte. Hier tritt der bereits früher schon erwähnte Fall in Bezug auf das Raußnitzer Thal ein. Der Anmarsch feindlicher Abtheilungen durch dasselbe ist von Josephstadt über Eypel her möglich. Bereits die Avantgarde mußte sich selbst dagegen decken, sie that dies durch eine Kompagnie und einen halben Zug Husaren. Diese Deckung genügt bei den dortigen Terrain-Verhältnissen auch für die Division; sie wird daher nicht verstärkt, sondern angewiesen, bis zum Eintreffen der Garde daselbst zu verbleiben.

Wollte man aber alle diese detachirten Abtheilungen unter dem Gewehr stehen lassen, so würde man die Ruhe der einen Hälfte der Division auf Kosten der anderen Hälfte erkaufen. Eine derartige Maßregel ist aber durchaus nicht erforderlich, denn durch das Vorschieben gemischter Abtheilungen auf 1000 oder 1500 Schritt in westlicher oder südlicher Richtung ist der Rest der Division völlig gedeckt und diese Abtheilungen haben in engeren Grenzen nur für ihre eigene Sicherheit zu sorgen.

So kommt es, daß eigentlich nur die vorgeschobenen Doppelposten und die aufklärende Kavallerie nicht der Ruhe genießen; will man aber selbst die Feldwachen mit hinzurechnen, so sind im vorliegenden Fall zur Deckung der Division in Anspruch genommen:

An Infanterie:
Vom Regiment Nr. 1.

Feldwache der 10. Kompagnie	circa	½ Zug.
Schützenzug der 12. Kompagnie	„ 1	„
Feldwache des 1. Bataillons	„ ½	„
Feldwache des 2. Bataillons	„ ½	„
Feldwache der 11. Kompagnie	„ ½	„

In Summa 3 Züge Infanterie.

An Kavallerie:
Vom Husaren-Regiment Nr. 1.

Beim Detachement des Oberst D. von der 4. Eskadron	½ Zug.
Beim Detachement des General-Majors B.	
von der 4. Eskadron	1 „
von der 3. Eskadron	1 „
Bei der 11. Kompagnie Regiments Nr. 1 von der 4. Eskadron	½ „

In Summa 3 Züge Kavallerie.

oder ppr. nur 250 Mann Infanterie und 110 bis 120 Pferde.

An sonstigen Anordnungen ist noch zu erwähnen, daß nach dem Heraustreten aus dem Schömberger Defilee die Rücksichten, welche bis dahin eine Theilung des Husaren-Regiments und der Avantgarden-Batterie bedingten, auf der Ebene von Parschnitz und vor Trautenau fortfallen, mithin die getrennten Theile wieder zusammenstoßen müssen.

Anordnung in Bezug auf die innere Ordnung.

Schließlich sei noch in Bezug auf die vom Divisions-Kommandeur monirten Punkte bemerkt:

Das Aufrollen der Achselklappen verhindert, schnell zu erkennen, welchen Truppentheil man vor sich hat, was namentlich im Gefecht von großer Wichtigkeit ist. Auch muß man bei einzelnen Mannschaften (Marodeuren ꝛc.) leicht feststellen können, welchem Truppentheil sie angehören.

Das Abnehmen der Halsbinden kann unter Umständen eine große Erleichterung sein, aber es darf keine Abweichung vom vorschriftsmäßigen Anzuge der Willkür einzelner Kommandeure, noch weniger der einzelner Mannschaften gestattet werden. Sonst marschirt der eine Truppentheil in Helmen, der andere in Mützen, der eine trägt das Gepäck, der andere läßt es nachfahren. Marschiren aber zwei Truppentheile zusammen, von denen der eine Erleichterungen genießt, die der andere nicht hat, so ist Mißvergnügen, Unordnung und Indiszipiln leicht die Folge. Im Kriege muß daher womöglich noch schärfer als im Frieden auf Ausführung der reglementarischen Vorschriften gehalten werden, und wo die Verhältnisse — wie hier beim Marsche — eine Abweichung wünschenswerth machen, darf sie nur auf Anordnung des die Kolonne Kommandirenden eintreten. Hier also konnte nur der Divisions-Kommandeur das Abnehmen der Halsbinden gestatten; marschirte seine Division aber im Armee-Korps-Verbande, so war auch er nicht einmal dazu berechtigt, sondern nur der kommandirende General. Indeß darf die Anordnung derartiger Erleichterungen auch nicht vergessen werden.

Die Patronenwagen gehören zu ihren Bataillonen. Eine Zutheilung derselben — einzeln oder vereinigt — an die Artillerie-Abtheilung ist gänzlich unstatthaft.

Was ferner die Belastung etatsmäßiger Wagen, sowie die Zutheilung von Mannschaften zu denselben betrifft, so sei hier zweier thatsächlich gegebener Parole-Befehle erwähnt:

„Die Packkarren der Füsilier-Bataillone sind in einer Weise mit Gepäck überladen, namentlich auch durch abgelegte Tornister, daß sie auf dem heutigen Marsch nicht zu folgen vermochten. Es können daraus die größten Uebelstände für die Operationen entstehen. Die Truppen-Kommandeure haben also sofort diese Ueberbürdung abzustellen und zu überwachen, daß nur diejenigen Sachen aufgeladen werden, welche etatsmäßig gestattet sind."

Und ferner:

„Der kommandirende General hat heute wiederum bemerkt, daß bei den Fahrzeugen der Truppen noch immer zu viel Leute kommanbirt sind. Es befanden sich dort: Ordonnanzen, Kapitaine b'armes und Fouriere, die sämmtlich nicht zu den Wagen gehören, sondern in Reih' und Glied stehen müssen. Auch waren Schreiber der Bataillone und Regimenter bei den Wagen, die in der Regel dort nicht hingehören; wenn sie aber zur Bagage geschickt werden, so dürfen nicht außerdem noch Leute aus Reih' und Glied dazu kommandirt werden. Mit Ausnahme der Patronenwagen, zu welchen allemal ein Unteroffizier und ein Gefreiter gehören, darf zu jedem anderen etatsmäßigen Wagen nur ein Mann, also resp. ein Schreiber oder ein zu schonender Mann, bei außeretatsmäßigem Fuhrwerk aber nur höchstens ein Mann auf je zwei Wagen kommandirt werden, gleichviel, was auf den Wagen verladen ist.

Anhang.

Um die vorliegende Arbeit zum Selbststudium in ausgedehntester Weise zu benutzen, ist anzurathen, daß man beim Durchlesen derselben an jeder Stelle, wo irgendwelche Anordnungen erforderlich werden, diese selbst trifft, bevor man die im Text gebotene Lösung liest.

Beispielsweise ist Seite 16 eine Darlegung der allgemeinen Situation gegeben und dabei gesagt, daß die 2. Infanterie-Division und 1. Kavallerie-Brigade am 25. Juni um Schömberg eingetroffen wären. Hierauf folgt eine spezielle Darlegung der Verhältnisse bei der 2. Infanterie-Division, zu deren besserem Verständniß eine Terrain-Skizze beigegeben ist.

Sobald der Leser an die Stelle gelangt: „Am 26. früh befanden sich die einzelnen Abtheilungen in folgenden Bivouals:" (S. 17) kann er sich, bevor die darüber folgenden Angaben durchgenommen werden, die Frage aufwerfen: Wie würden diese Bivouals anzuordnen sein? Allerdings stört bei der Beantwortung hier der Umstand, daß die Truppen auf der Skizze bereits eingezeichnet sind.

Die Frage würde sich also wahrscheinlich dahin gestalten: Werde ich die Truppen ebenso vertheilen, wie dies auf der Skizze geschehen ist? Diese Frage aber dürfte wohl mit „Nein" zu beantworten sein, denn einige Ueberlegung führt dazu, daß man sich sagen muß: Wenn die beiden Divisionen um Liebau und Schömberg bivouakiren, so ist es doch zweckmäßiger, daß sie sich auch der nahen Ausgangspunkte der Defileen jenseits der Grenze versichern, was augenblicklich noch um so leichter ausführbar ist, da sie nur Kavallerie vor sich haben. Ihre Avantgarden müssen daher bis an diese Punkte vorgeschoben werden.

So regt die erste im Text dargelegte Anordnung bereits zum Nachdenken an. Der eigentliche Grund, weshalb die Avantgarden thatsächlich nicht so weit vorgeschoben worden sind, läßt sich nur durch den Befehl: „die Grenze zunächst nicht mit größeren Abtheilungen zu überschreiten" erklären, und führt von selbst zu der Frage: was das General-Kommando zur Ertheilung eines solchen Befehls wohl veranlaßt habe? Die Antwort hierauf findet sich S. 25.

Hierdurch zeigt sich, daß die Verhältnisse, unter welchen man in eine bestimmte Situation geräth, wesentlich auf die zu treffenden Anordnungen influiren, und regt dies von selbst zu weiteren Fragen an.

Beim Aufwerfen solcher braucht man nur irgend eine Veränderung eintreten zu lassen, sei dies in Bezug auf die Aufgabe, die der Abtheilung gestellt ist, oder des Terrains, auf welchem sie sich befindet, oder in Rücksicht auf die Stärke. In allen diesen Richtungen aber sind häufig wieder ganz verschiedene Maßregeln die Folge, sobald man Aenderungen in Bezug auf die Stärke des Gegners oder der Nähe und Stellung, in welcher er sich befindet, vornimmt.

Derartige veränderte Aufgaben wären beispielsweise die folgenden:

1. Die II. Armee verbleibt an der Neiße. Das nach Liebau entsandte I. Armee-Korps hat den Auftrag, die Aufmerksamkeit des Feindes auf sich zu ziehen und ihn für eine Invasion von hier aus nach Böhmen besorgt zu machen, ohne jedoch eine weitergehende Offensive zu ergreifen.

2. Das I. Armee-Korps ist zur Deckung der Grenze isolirt bis Liebau vorgeschoben. Einem etwaigen Angriff überlegener feindlicher Kräfte hat dasselbe in nördlicher Richtung auszuweichen.

Bei beiden Aufgaben: Aufstellung des Armee-Korps. Gesichtspunkte für das weitere Verhalten Behufs Lösung der Aufträge.

3. Situation, wie solche im Text, sowie ad 1 und 2 angegeben, jedesmal unter der Voraussetzung, daß an Stelle eines Armee-Korps nur eine Division zur Verfügung stände oder dieser Auftrag nur einem Detachement von 3 Bataillons, 4 Eskadrons und einer Batterie ertheilt worden wäre.

4. Supposition, daß statt des gebirgigen Terrains, welches die Wege zu Defileen gestaltet, zu den Seiten der Straßen sich vorwiegend ebenes, nur von kleinen Waldungen, Gehöften und dergl. bedecktes Terrain befindet. Lösung sämmtlicher vorher gestellten Aufgaben auf dieser Grundlage.

5. Lösung der verschiedenen Aufgaben unter der Annahme, daß die Anwesenheit starker feindlicher Kräfte aller Waffen bei Trautenau bekannt sei, oder

daß diese ihre Avantgarden bereits bis Gubersdorf und Petersdorf vorgeschoben haben.

Um anzudeuten, wie einzelne Veränderungen auch abweichende Maßregeln zur Folge haben, sei beispielsweise Folgendes angeführt:

Soll bei eventuellem Ausweichen vor starken Kräften des Gegners der Rückzug in nördlicher Richtung genommen werden, so gehören die Hauptkräfte nach Liebau und nur ein Detachement ist nach Schömberg zu entsenden. Ist, statt des bergigen, freies und ebenes Terrain vorhanden, so ist es nicht unumgänglich nothwendig, beide Straßen von Liebau und Schömberg auf Trautenau direkt zu decken; es führte dies leicht zu einer unnützen Zersplitterung.

Dagegen läßt sich, bei Vereinigung des Korps um Liebau und Festhaltung der Straße von hier nach Goldenoels, eine indirekte Sicherung der Straße Schömberg-Trautenau erzielen, wenn ein Detachement in das Terrain östlich von Bernsdorf vorgeschoben wird. Diese Abtheilung bleibt mit Gros und Avantgarde im innigsten Zusammenhange, und Angesichts derselben erscheint der Marsch einer feindlichen Kolonne auf Schömberg sehr gewagt.

Ferner fällt bei gangbarem Terrain zunächst der Kavallerie die Sicherung ob. Die ganze 1. Kavallerie-Brigade kann alsdann weit vorgeschoben werden, zu ihrem Soutien sind nur ein paar Bataillone und etwas Artillerie erforderlich, und die Formation einer anderweitigen besonderen Avantgarde kann unterbleiben.

Beim weiteren Studium des Textes gelangt man zur speziellen Aufstellung der Vorposten. Auch hier, wie in all diesen Fällen, wird man sich selbst eine Vorstellung über die Ausführung zu bilden haben, bevor man das Nachfolgende liest. Später kann man sich auch die Vorposten-Aufstellung vergegenwärtigen, welche in den auf den vorstehenden Seiten erwähnten anderweitigen Situationen zweckentsprechend wären. Im engsten Anschluß daran knüpfen sich die Fragen: Welche speziellen Maßnahmen sind bei einem feindlichen Angriff erforderlich? Soll sich die Avantgarde schlagen, und an welcher Stelle ist alsdann der Angriff anzunehmen?

Weiterhin ergeben sich unter anderen folgende Aufgaben:

S. 21. Seitens der auf Braunau entsandten Husaren-Patrouillen geht die Meldung ein, daß der Feind hart südlich der Stadt mit stärkeren Kräften Stellung genommen und die Avantgarde der Garde dort bereits im Gefecht mit ihm sei. Befehl der 2. Infanterie-Division zum Aufbruch. Marsch-Ordnung. Meldung an das General-Kommando I. Armee-Korps. Benachrichtigung an das Garde-Korps. Instruktion für den Kommandeur der Avantgarde, welche gegen Trautenau stehen bleiben soll.

S. 22. 1) Entwurf des Befehls für die 2. Infanterie-Division zum 27. Juni, nach Eingang der Disposition des General-Kommandos.

2) Entwurf des Befehls für die Division, wenn die Disposition des General-Kommandos von einer Vereinigung des Armee-Korps bei Parschnitz Abstand nahm und statt dessen anordnete, daß die 2. Infanterie-Division bis Trautenau rücken und dort als Avantgarde Bivouaks beziehen soll, während die 1. Infanterie-Division bei Parschnitz verbleibt. (Der Befehl darf nicht Momente bestimmen wollen, die sich zur Zeit noch gar nicht übersehen lassen). Aufstellung der Division und ihrer Vorposten, wenn sie in Folge obigen Befehls Trautenau erreicht, ohne vom Feinde — außer Kavallerie-Patrouillen — etwas bemerkt zu haben.

3) Welche Plätze würden einem etwa bei der Division noch befindlichen Jäger-Bataillon und einer Abtheilung des Korps-Artillerie-Regiments in der Marsch-Ordnung anzuweisen sein?

S. 57. Anordnung des Vormarsches von Schömberg und Bertelsdorf, wenn beabsichtigt wird, die Vorposten erst später zu sammeln.

S. 60. 1) Die Tete der Avantgarde meldet beim Heraustreten aus Petersdorf den Vormarsch einer feindlichen Kolonne von Parschnitz her. Anordnungen des Avantgarden-Kommandeurs.

2) die Tete der Avantgarde meldet, daß auf dem rechten Aupa-Ufer südlich Parschnitz Infanterie und anscheinend eine Batterie des Gegners Stellung genommen hätten. Befehle des Avantgarden-Kommandeurs. Anordnungen des Divisions-Kommandeurs.

3) Als sich die Vorhut dem Ausgangspunkte des Defilees bei Parschnitz nähert, wird auf der Ebene nördlich des Dorfes feindliche Kavallerie in der Stärke von ungefähr 6 Eskadrons mit 2 Batterien bemerkt. Wie wird das Debouchiren der Division unter diesen

Umständen eingeleitet werden? Befehle der betreffenden Kommandeure.

4) Die Avantgarde ist mit der Tete ihres Gros am Südausgange von Albendorf angelangt, als heftiges Geschützfeuer aus der ungefähren Richtung von Bernsdorf vernehmbar wird. In der Richtung auf Parschnitz sind bisher nur feindliche Kavallerie-Patrouillen bemerkt worden.

5) Dieselbe Situation, nur mit dem Unterschiede, daß gleichzeitig der Vormarsch einer feindlichen Kolonne von Parschnitz her auf Petersdorf gemeldet wird.

6) Die Tete der Division ist bei Parschnitz angelangt, nur feindliche Kavallerie-Patrouillen sind bisher sichtbar gewesen. Die Division erhält den Befehl, den Marsch bis Trautenau fortzusetzen und auf den Höhen südlich des Ortes Bivouaks zu beziehen. Anordnungen zur Sicherheit des Marsches.

In Bezug auf das vorstehend angedeutete Verfahren sei noch Folgendes bemerkt:

In den Fällen, in welchen der Leser Anordnungen trifft, die sich auf die in der Studie dargelegte Situation beziehen, bevor er die daselbst angegebene Lösung kennen lernt, bietet sich ihm durch letztere Gelegenheit, eine andere Ansicht zu erfahren. Entweder findet er durch die Angaben des Textes seine Ansichten bestätigt, oder er findet Abweichungen davon. Ist letzteres der Fall, so führt dies zur Ueberlegung, wodurch die in der Studie befindlichen Abweichungen sich wohl motiviren lassen, und erlaubt dann einen Vergleich dieser Motive mit denjenigen, welche ihm selbst bei seinem Entwurfe vorschwebten.

Bei allen Aufgaben indeß, die der Leser unter Veränderung irgend eines in den Studien gegebenen Momentes sich selber stellt, fehlt ihm allerdings der Gegen-Entwurf eines Andern. Aber auch alsdann wird der Nutzen für ihn nicht ausbleiben, denn jedes ernste Nachdenken über kriegerische Situationen ist an und für sich schon von Werth. Derselbe wird aber um so größer sein, je mehr irgend welche Veränderungen in einzelnen Momenten der Situation abweichende Maßregeln hervorrufen. Man frägt sich alsdann von selbst: Kann ich mit den in einem Falle getroffenen Anordnungen nicht auch in dem anderen auskommen? Und wenn dem nicht so ist, woran liegt dies? Leicht kommen bei anderer Beleuchtung der ursprünglichen Situation überdies auch neue Ideen zum Vorschein, bei denen man in Betracht ziehen kann, ob sie sich nicht bereits bei der ersten Lösung mit Vortheil anwenden ließen. Besonders nützlich werden aber derartige Uebungen sein, wenn mehrere Kameraden sich vereinigen, um sie gemeinschaftlich zu treiben.

Schließlich sei bemerkt, daß diese Studien auch noch in anderer Weise zum Selbststudium als Anhalt dienen können, indem man sich in die Lage eines bestimmten Kommandeurs setzt, z. B. des Chefs der 1. leichten Batterie. Alsdann vergegenwärtigt man sich, in welche Lagen ihn die dargestellten Thatsachen versetzen, auf was er in den verschiedenen Situationen sein Nachdenken und seine Aufmerksamkeit zu richten hat, wo er sich persönlich in jedem Moment befinden und welche Anordnungen er treffen muß. Es kann dies bis zur wörtlichen Wiedergabe der einzelnen Kommandos ausgedehnt werden. Auch hierfür würde eine Vereinigung mehrerer Offiziere — namentlich verschiedener Waffen — zum gemeinschaftlichen Studium anzuempfehlen sein. Ein derartiges Arbeiten ist allerdings mühsam und setzt den ernsten Willen voraus, so viel Zeit und Kraft als irgend möglich auf die Weiterbildung zu verwenden. Aber wir alle bedürfen derselben unausgesetzt, und selbst eine besonders günstig beanlagte Natur wird desto größere Resultate erzielen, je größer der Eifer und die Mühe ist, die zu diesem Zweck aufgewandt wird.